呼叫中心专业职业教育系列丛书

Call Center

呼叫中心 电子商务

中册

北京应大信息产业研究院　编著

外语教学与研究出版社
北京

图书在版编目(CIP)数据

呼叫中心电子商务. 中册/ 北京应大信息产业研究院编著. — 北京：外语教学与研究出版社，2011.10

(呼叫中心专业职业教育系列丛书)

ISBN 978-7-5135-1424-8

Ⅰ. ①呼… Ⅱ. ①北… Ⅲ. ①电子商务—呼叫中心—职业教育—教材 Ⅳ. ①F713.36

中国版本图书馆 CIP 数据核字（2011）第 216637 号

出 版 人：蔡剑峰
选题策划：沈立军
责任编辑：韩 旭 牛贵华
封面设计：姜 凯
出版发行：外语教学与研究出版社
社 址：北京市西三环北路 19 号（100089）
网 址：http://www.fltrp.com
印 刷：河北鹏盛贤印刷有限公司
开 本：787×1092 1/16
印 张：15
版 次：2011 年 11 月第 1 版 2011 年 11 月第 1 次印刷
书 号：ISBN 978-7-5135-1424-8
定 价：27.00 元

＊ ＊ ＊

职业教育出版分社：

地 址：北京市西三环北路 19 号 外研社大厦 职业教育出版分社（100089）
咨询电话：010-88819475
传 真：010-88819475
网 址：http://vep.fltrp.com
电子信箱：vep@fltrp.com
购书电话：010-88819928/9929/9930（邮购部）
购书传真：010-88819428（邮购部）

＊ ＊ ＊

购书咨询：(010)88819929 电子邮箱：club@fltrp.com
如有印刷、装订质量问题，请与出版社联系
联系电话：(010)61207896 电子邮箱：zhijian@fltrp.com
制售盗版必究 举报查实奖励
版权保护办公室举报电话：(010)88817519
物料号：214240001

呼叫中心专业职业教育系列丛书
编写委员会

主　任：赵景泉

副主任：吕志敏　张　丽　杨　克　吴海涛

委　员：于　泓　魏百刚　Udi Baren (德)
　　　　徐卫华　张秋彦　Duncan Cowie (美)
　　　　范国庆

前　言

改革开放30余年来，我国国民经济得到了巨大的发展。在当前全球金融危机余波未了的背景下，国家的大政方针是实现产业升级、建设兼顾城乡发展的和谐社会，所以从第二产业向第三产业的升级，是未来30年我们国家社会和经济发展的重要方面。呼叫中心行业作为第三产业中的一个基础产业，在未来拥有十分巨大的发展潜力。

呼叫中心起源于20世纪二三十年代的美国，在20世纪90年代被引入中国，并经历了一波三折的发展阶段。在2004年以后，随着技术的普及和人们对于呼叫中心的认同及电信资费的不断下调，呼叫中心行业在中国得以迅猛发展。但是呼叫中心行业在快速发展的同时也一直伴随着一个严峻的问题——专业人才的匮乏，这是目前困扰呼叫中心行业的一大难题。

鉴于此，北京应用技术大学和北京翔宇万景通讯科技有限公司通过校企合作的模式率先成立了国内第一家呼叫中心学院，开辟了一条呼叫中心人才培养的探索之路。本套教材是北京应用技术大学呼叫中心学院的同仁在过去几年教学和实训过程中所采用的讲义等教学材料的汇编和总结。在日常教学过程中，我们力求在CBET（Competence-Based Education & Training，以能力为基础的教育和培训）和TBTM（Task-Based Teaching Method，任务驱动的教学方法）的职业教育理念下开展工作，利用CCSS（Call Center Simulation System，呼叫中心实训系统）针对岗位要求的不同能力点展开教学和实训，并且收到了良好的效果。我们力求始终依据这一理念编写本套教材。但本套教材体系庞大、内容繁杂，所以部分图书还未能完全基于CBET和TBTM来设计，我们期望会在不久的将来进一步完善。

呼叫中心是一个新兴的专业，也是一个跨行业的学科。这个专业要求学生掌握的不仅有计算机基础、普通话、商业应用文写作等基础知识，更涉及到呼叫中心管理（CCM）、客户关系管理（CRM）、商业流程管理（BPM）、市场营销（Marketing）、数据挖掘和分析（Data Mining and Analysis）、电子商务（E-business）等专业领域的知识，以及金融、电信、物流、电子、汽车、地产等16个行业的专业知识。由于本套教材的部分内容借鉴了国外的相关文献，所以有些概念在提法上有所不同，但意思是一致的，比如在本套教材中呼叫中心服务人员、客服代表、电话客户服务人员以及呼叫中心坐席员等对应的工作岗位是一样的，但在工作内容上、岗位出现的时代上和人们对此的理解上略有不同，希望读者在阅读过程中仔细体会。

本套教材在编写过程中，进行了大量调查研究工作，在完成国家社会科学基金"十一五"规划课题（BJA070035）子课题"跨区域校企合作职业教育办学模式的研究"的基础上，借鉴了国际著名企业Transcom所提供的培训资料，在此，我们对课题组全体成员和Transcom公司高层管理人员的大力支持表示感谢。

本套教材适用于职业院校的呼叫中心和电子商务等相关专业的学生。教师可利用本套教材配合实训系统进行日常教学。由于我们的水平有限，教材中不足之处在所难免，望各位读者能在使用过程中不吝指正，以便我们再版时改正。

编　者

2010年8月

目　录

第4章
电子商务基础设施

《 学习目标

- 掌握互联网信息服务的项目（WWW、TELNET、BBS、NEWSGROUP等服务）
- 熟悉互联网的基础知识（定义、协议、接入方式、应用）以及企业内部网和企业外部网知识
- 了解计算机网络技术基础（计算机网络定义、网络三要素、计算机网络应用、计算机网络分类、计算机网络拓扑结构、协议）
- 形成对电子商务的网络技术基础的总体认识

《 内容概述

本章主要讲授计算机网络的相关概念和基本的网络通信协议，重点讲解互联网的产生对电子商务的作用，让读者了解网络编程语言的发展过程，对目前的编程技术有一定的了解。

4.1 计算机网络基础

4.1.1 计算机网络的定义

计算机网络是指把分布在不同地理位置的具有独立功能的计算机，通过各种通信设备和线路（如电话、微波、电缆、光纤、卫星等）物理地连接起来，按照网络协议相互通信，以共享软件、硬件和数据资源为目标的系统，如图4-1所示。

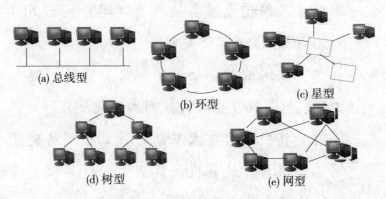

图4-1　网络拓扑结构种类

4.1.2 计算机网络的分类

按照网络通信的距离或地域覆盖范围，计算机网络可分为局域网、城域网和广域网。

按照网络拓扑结构分类，计算机网络主要有五种，即星型、环型、树型、总线型和网型，如图4-1所示。

4.1.3 计算机网络的功能

计算机网络的功能主要是指其服务功能。计算机网络所能提供的服务功能主要有：

1．软件、硬件资源的共享

组成计算机网络的主要目的之一是共享资源。计算机在广大地域范围内联网后，资源子网中各主机的资源在原则上都可以共享，可以突破地域范围的限制，实现计算机软、硬件资源的共享。

2．文件传输

文件传输是计算机网络的一种基本服务内容，为各种文件的共享提供了便利的数据交换手段。随着经济的发展，企业组织分布很广，在全国甚至世界各地都设有办事处，在这些地方设置的计算机和工作站之间常常每天都要交换信息和数据。通过计算机网络，企业组织中的成员可以随时使用所需要的信息和数据。通过文件传输，还可以实现软件的共享、合作开发软件系统和信息交流。

3．电子邮件（E—mail）

计算机网络可以为网上不同用户提供信函方式的通信，即电子邮件。这种方式易于实现、实用、灵活，因而受到用户的欢迎。建立邮件系统的目的是能在一组用户中迅速、方便地进行信息传输。它具有以下特点：

（1）信函以报文形式按照"存储—转发"方式进行传输。

（2）报文的递交和接收灵活，发送者和接收者不必同时在线工作，系统为存储报文而为每个用户设立信箱，发送者可在任何时间发送，接收者可在任何时间打开自己的信箱接收。

（3）接收者可为单个用户或者用户组，用户组包括多个用户，一个用户可以同时参加到多个用户组中。

4．分布式数据库

计算机网络最为重要的应用之一，就是把数据库区域性地合理分布于网络各个节点上。

数据的分布一般是按"自然分布"的。例如，一个企业中每个部门都要保存人员、财务等有关数据，大部分存取的是局部数据，但偶尔也会访问其他节点上的数据。采用分布式数据库技术，能实现比传统的集中数据库更迅速、更简捷的数据访问。此外，由于组织内的终端用户在地理位置上越来越分散，对数据的处理和合作管理会产生很大的压力，因此，要求把数据的处理和存储能力分散于数据源和目标区域中。把功能分散开来的主要好处是终端用户易于得到数据，而且可减少由软件故障而导致整个系统瘫痪的危险性。

5. 网络管理

网络管理主要是从通信接口和通信控制两方面对网络进行管理。

4.2 网络通信协议

计算机网络要实现多台计算机和通信设备之间的数据交换，实际上是一个复杂的技术过程。为了能顺利和准确地进行数据交换，需要制定能使各种设备都可以接受的一定的规则和约定，这些规则和约定就是协议。

4.2.1 OSI与IEEE 802协议

网络通信协议是网络中两台计算机间进行通信必须遵循的一组规则，它规定了在通信过程中的各种操作，使通信的每一个步骤都按照协议的操作规则进行。

网络协议有很多种，比较流行和知名的网络协议有：国际标准化组织（ISO）提出的"开放系统互联参考模型（OSI）"、美国国防部提出的"TCP/IP协议簇"、原国际电报电话咨询委员会（CCITT）就公用分组交换网制定的"X.25协议"、美国电气和电子工程师协会（IEEE）提出的"IEEE 802标准组"等。具体选择哪一种协议则要视情况而定，许多协议之间有很大的兼容性。互联网上的计算机使用的是TCP/IP协议。

1．OSI参考模型

为了规范各类网络协议的内容，国际标准化组织（ISO）于1981年提出了一个开放系统互联参考模型（OSI）。在该模型中，将网络的传输问题分为7层（通常称为7层协议），即物理层、数据链路层、网络层、传输层、会话层、表示层和应用层，每一层负责分管不同的协议内容。

2．IEEE 802.X协议

为了规范局域网的组网和使用，美国电气和电气工程师协会（IEEE）下属的802委员会推出了一系列针对局域网的协议标准，并且得到了国际标准化组织ISO的认可，成为最普遍的一种国际标准系列，称为IEEE 802.X局域网协议标准。IEEE 802协议标准主要有：

（1）IEEE 802.1标准，规定了IEEE 802.2标准与OSI参考模型的对应关系，提供了高层标准的接口协议。

（2）IEEE 802.2标准，规定了逻辑链路控制层（LLC）的功能与服务。

（3）IEEE 802.3标准，规定了C5MA/CD总线访问控制方法与物理层规范。

（4）IEEE 802.4标准，规定了令牌总线访问控制方法与物理层规范。

（5）IEEE 802.5标准，规定了令牌环访问控制方法与物理层规范。

4.2.2　TCP/IP协议簇

TCP/IP协议是互联网的网络协议，其中最著名的是TCP协议和IP协议。

TCP/IP协议并不完全符合OSI的7层参考模型，它采用了四层结构：网络接口层、网际层、传输层和应用层，对应OSI参考模型及各层包含的协议见表4-1所示。

表4-1　互联网协议簇与ISO/OSI参考模型比较

OSI	TCP/IP 协议	TCP/IP 主要协议
应用层	应用层	SMTP、FTP、DNS、SNMP、NFS、HTTP、TELNET
表示层		
会话层		
传输层	传输层	TCP、UDP
网络层	网际层	IP、ARP、RARP、ICMP、IGMP
数据链路层	网络接口层	无特定网络端口协议
物理层		

1. 网络接口层

网络接口层与OSI模型的物理层、数据链路层相对应，主要是对诸如服务器、网络设备、计算机等硬件设备的电气特性作一个统一的规范。该层协议（如以太网协议、令牌环网协议等）都是各通信子网固有的协议，TCP/IP没有另外定义。

2．网际层

网际层与OSI模型的网络层对应，主要是使主机把由传输层分块的数据通过任何网络独立地传向目的主机。该层主要协议有：

（1）网际协议（Internetworking Protocol，IP）；

（2）地址解析协议（Address Resolution Protocol，ARP）；

（3）反向地址解析协议（Reverse ARP，RARP）；

（4）网际控制报文协议（Internet Control Message Protocol，ICMP）；

（5）互联网组管理协议（Internet Group Management Protocol，IGMP）。

3．传输层（Transport Layer）

传输层与OSI模型的传输层相对应，主要是确保在数据通信方面双方提供性能可靠、价格合理的数据传输。该层主要协议有：

（1）传输控制协议（Transport Control Protocol，TCP）；

（2）用户数据协议（User Datagram Protocol，UDP）。

4．应用层（Application Layer）

应用层与OSI模型的会话层、表示层、应用层相对应，主要是为最终用户提供某一类问题的解决标准，为各类问题制定不同的协议。该层的主要协议有：

（1）简单邮件传输协议（Simple Mail Transfer Protocol，SMTP）；

（2）文件传输协议（File Transfer Protocol，FTP）；

（3）域名服务器（Domain Name System，DNS）；

（4）简单网络管理协议（Simple Network Management Protocol，SNMP）；

（5）网络文件系统（Network File System，NFS）；

（6）超文本传输协议（Hypertext Transfer Protocol，HTTP）；

（7）远程登录（Teletype over the Network，TELNET）。

5．HTTP协议

HTTP是一个属于应用层的面向对象的协议，是为了在WWW上传输超文本标记语言（HTML）数据而设计的。它规定了浏览器与Web服务器之间信息交流的规则，其简捷、快速的方式适用于分布式超媒体信息系统。

基于HTTP协议的客户/服务器模式的信息交换分四个过程：建立连接、发送请求信息、发送响应信息和关闭连接。

4.2.3 WLAN通信协议

随着互联网的飞速发展，通信网络从传统的布线网络发展到了无线网络，作为无线网络之一的无线局域网（WLAN）正逐渐从传统意义上的局域网技术发展成为"公共无线局域网"，成为互联网宽带接入手段之一。

WLAN是利用无线通信技术在一定的局部范围内建立的网络，是计算机网络与无线通信技术相结合的产物。它以无线多址信道作为传输媒介，提供传统有线局域网LAN的功能，能够使用户真正实现随时、随地、随意地接入宽带网络。

WLAN的标准设计所使用的无线频率范围、空中接口通信协议等技术规范与技术标准。

作为有线网络的无线延伸，WLAN可以广泛应用在生活社区、游乐园、旅馆、机场等区域，实现旅游休闲上网；可以应用在政府办公大楼、校园、企事业单位等实现移动办公，方便开会及上课等；可以应用在医疗、金融证券等方面，实现医生在途中对病人进行网上诊断，实现金融证券网上交易。

对于难以布线的环境，如老式建筑、沙漠地区等；对于频繁变化的环境，如各种展览大楼；对于临时需要宽带接入，如流动工作站等，建立WLAN是理想的选择。

1. 销售行业应用

对于大型超市，其商品的流通量非常大，日常工作包括处理订单、送货、入库等，需要在不同的地点将数据录入数据库中。在仓库的入库和出库管理中，物品的搬动较多，数据在不断变化，通常的做法是手工做好记录，然后再将数据录入数据库中，这样费时且容易出错。采用WLAN即可轻松解决上面两个问题，在超市的各个角落，如接货区、发货区、货架、仓库中，利用WLAN可以现场处理各种单据。

2. 物流行业应用

随着我国加入WTO，各个港口、储存区对物流业务的数字化提出了较高的要求。一个物流公司一般都有一个网络处理中心，有些办公地点分布在比较偏僻的地方，需要将运输车辆、装箱装卸机组工作状况、货物统计等数据及时录入并传输到中心机房。WLAN是物流业实现现代化必不可少的基础设施。

3. 电力行业应用

如何对遥远的变电站进行遥测、遥控、遥调，是电力系统的一个老问题。WLAN能监测并记录变电站的运行情况，向中心监控机房提供实时的监测数据，同时将中心机房的调控命令传入到各个变电站。这是WLAN在电力系统遍布千家万户，但又无法完全应用有线网络来检测与控制时的一个潜在应用。

4．服务行业应用

随着PC机的移动终端化、小型化，如果旅客在进入酒店大厅后想及时处理邮件，这时酒店大堂的互联网WLAN接入是必不可少的；客房互联网无线上网服务也是需要的，尤其是星级比较高的酒店，客人希望无线上网无处不在。由于WLAN具有移动性、便捷性等特点，因而受到大中型酒店的青睐。

旅客在机场、车站候机候车时往往要等上一段时间，这时如果能打开笔记本电脑上上网，何尝不是一件开心的事儿。目前，在北美和欧洲的大部分机场、车站都部署了WLAN，我国也在逐步实施和建设中。

5．教育行业应用

WLAN可以让教师和学生在教与学的教学活动中实现互动。学生可以在教室、宿舍、图书馆利用移动终端机向教师提出问题、提交作业；教师能够随时对学生进行辅导。学生可以利用WLAN在校园的任何一个角落访问校园网。WLAN可以成为一种多媒体教学的辅助手段。

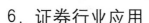

6．证券行业应用

有了WLAN，股市变得更加普及和活跃。原来很多炒股者利用股票机看行情，现在利用WLAN能实时查看行情，随时交易，也就不需要股票大户室，不用再为大户室交纳任何费用。

7．展厅应用

一些大型展览的展厅内一般都布有WLAN，服务商、参展商、客户步入大厅内可以随时接入互联网。WLAN的移动性、重组性、灵活性为会议厅和展会中心等具有临时租用性质的服务行业提供了赢利的无限空间。

8．中小型办公室/家庭办公应用

WLAN使人们在中小型办公室或家里随时上网办公、自由收发邮件，而其上网资费与有线网络一样。有了WLAN，人们拥有了更自由的活动空间。

9．企业办公楼之间办公应用

大中型企业通常有不止一个办公楼，楼与楼之间、部门与部门之间需要信息联络。如果搭建有线网络，则需要支付工程费用和维护费，而WLAN不需要综合布线，一样能够实现有线网络的功能。

4.3 互联网

互联网实际上是一个"网络的网络"，它由网络路由器及通信线路组成，基于一个共同的通信协议（TCP/IP协议簇），将位于不同地区、不同环境的网络互连成为一个整体，形成全球化的虚拟网络，是共享资源的集合。它为广大用户提供诸如WWW、E-mail、FTP、Telnet、BBS、网络会议、网上聊天、电子商务、网络游戏等多种服务。可以说，互联网已经遍布世界的每一个角落，为各行各业提供着高效、便捷的服务。

4.3.1 互联网的产生与发展

互联网技术起源于美国。1968年，美国国防部高级研究计划署（ARPA）计划开发一个计算机网络系统，用于应付现代核战争的需要，其计算机系统与北约串联在一起，以便在苏联发动攻击时能及时传递信息。在这种需求下，由劳伦斯·罗伯特领导的团队于1969年1月开始研发ARPANet，这种网络最初只有4个节点，采用包交换技术，使用报文处理机实现网络互联，当时能提供的最基本服务就是资源共享。1972年10月，ARPANet在国际计算机通信大会（ICCC）正式对外公开；同年，ARPANet最热门的E-mail软件出现，并很快成为网络的核心；随之而来TCP/IP协议簇开发成功，不久就成为ARPANet的标准主机互联网络协议；1986年，美国国家科学基金会（NSF）采用TCP/IP通信协议建立起NSFNet，与ARPANet互联，逐步发展成为今天的互联网。

我国与互联网的连接是从电子邮件系统开始的。1987年北京计算机应用技术研究所正式建成我国第一个电子邮件系统，1990年正式向国际互联网网管中心登记注册了我国的一级域名"cn"，从而开通了使用中国自己域名的互联网电子邮件。随着学术机构、商业机构和个人用户上网数量的增多，特别是商业界的积极加入，互联网也由科学研究网向商业化发展，日益成为与公众的日常生活息息相关的一部分，成为信息高速公路的重要组成部分。互联网是人类进入信息时代的主要标志之一。

4.3.2 互联网的主要应用

互联网发展到今天，用户已突破10亿，应用于各行各业，主要包括以下方面：

（1）万维网（WWW）。WWW是指通过利用超文本传输协议HTTP，使人们可以利用IE、Netscape等浏览器浏览世界各地的新闻、消息、资料等，并配合数据库服务器对各种信息进行处理。

（2）电子邮件（E-mail）。E-mail是互联网较早的、应用范围最广的一种服务。E-mail允许用户在互联网上的各主机间发送信息，采用的是一种存储转发系统，与之相关的协议有简单邮件传输协议（SMTP）、邮局协议（POP）、互联网信息访问协议（IMAP）及多用途网际邮件扩展协议（MIME）等。

（3）文件传输协议（FTP）。FTP采用典型客户/服务器（C/S）工作模式。文件服务器利用FTP协议，允许用户通过互联网或其他TCP/IP网上传或下载文件。

（4）电子公告牌（BBS）。BBS可以应用于多台计算机，甚至世界上所有的互联网。BBS用户可以通过它进行软件交流、信息发布等。

（5）远程登录（Telnet）。远程登录允许互联网用户从本地计算机登录到远程服务器上，使用户计算机暂时成为远程服务器的一个仿真终端。用户可以在服务器上进行数据处理、软件运行，就像直接登录到服务器上操作一样。

互联网还提供IP电话、网络会议、网络聊天、远程教育、网络游戏等多种服务应用。

4.3.3 IP地址和域名

1．IP地址（IP Address）

计算机在相互通信时，为了确保通信时能相互识别，互联网上的每台主机都必须有一个唯一的标识，即IP地址。IP地址由网络标识和主机标识两部分组成。IP协议就是根据IP地址实现信息传递的。

目前互联网上应用的IP地址采用互联网协议第4版，简称为IPv4。IPv4由32位二进制数字（即4个字节）组成，可标识40多亿个地址（$2^{32}=4294967296$）。IP地址通常用"点分四段"格式表示，每一段以十进制数表示一个字节，段间用句点分隔。

互联网的IP地址由三家非营利组织负责分配，即美国互联网号码注册中心（ARIN）、欧洲IP注册中心（RIPE）和亚太地区网络信息中心（APNIC）。一般情况下，IP地址分为A、B、C三大类。IP地址分配方案如表4-2所示。

表4-2　IP地址分配表

种类	网络标识的特征	IP地址的起始	IP地址的结尾	网络的数字标识	中央处理器的数字标识
A	0××× (8)	1.0.0.1	126.255.255.254	126	16777214
B	10×× (16)	128.0.0.1	191.255.255.254	16384	65534
C	110× (32)	192.0.0.1	223.255.255.254	2097152	254

2．域名（Domain Name）

数字型标识对计算机网络来讲是最有效的，但是对使用网络的人来说存在不便记忆的缺点。同时，当诸如新浪、163等这些拥有众多用户的网络服务器的IP地址发生变化时，网络管理员也无法将其变化及时通知互联网上的所有用户。基于以上原因，人们研究出一种字符型标识，这就是域名。

目前所使用的域名是以层次型结构确定地址的拥有者，由若干子域名按规定的顺序连接，并用句点隔开。例如，www.whitehouse.gov表明该Web服务器位于白宫，属于美国政府。常用的二级域名详见表4-3所示。

表4-3　常用的二级域名

二级域名	含　义	二级域名	含　义
edu	教育机构	com	商业机构
gov	政府	org	非营利组织
mil	军事单位	web	从事万维网活动的机构
net	网络服务机构	info	信息服务提供单位

3．域名系统（Domain Name System）

域名系统（DNS）可使互联网上的主机既有域名地址，又有IP地址。域名地址是由用户使用并自动转化成供包路由软件使用的数字形式的IP地址。

4.3.4 互联网接入方式

提到互联网的接入方式，不能不提到互联网服务提供商（Internet Service Provider，ISP），即那些为互联网用户提供互联网接入服务及相关技术支持的公司。它们是广大用户进入互联网的入口和桥梁，一般都具有和互联网快速连接的计算机系统和良好的服务配套系统。目前我国最大的ISP是中国电信，此外还有一些较大的ISP，比如新联通、移动、铁通等。

互联网服务提供商包括互联网内容提供商（ICP）和互联网接入服务商（LAP）。互联网内容提供商提供内容服务，如网页制作、门户网站等。互联网的接入技术很多，从用户的角度出发，大致有以下几种接入方式：

1．普通电话拨号上网

这曾是十分普通的上网方式，用户只要有一部普通电话，再加上一个调制解调器（"猫"），就可以实现拨号上网。其基本原理是将数字信息通过调制解调器转为模拟信号，然后通过电话线进行传输，接收方再通过调制解调器将模拟信号转为数字信号，从而完成数据通信的过程。上网速度理论上可以达到36.6（上传）～56（下载）KB/s，但由于在互联网服务商这一方采用共享方式上网，所以实际上达不到这个速度。该上网方式具有设备简单、覆盖面广的特点，但最大的缺点是上网速度较慢，而且易受电话线路通信质量的影响。

2．ADSL上网

ADSL（Asymmetric Digital Subscriber Line）是非对称数字用户线路的简称，是目前电信系统普遍采用的宽带接入服务。它利用现有的市话铜线进行数据信号传输，下行速率在2～9 MB/s之间，上行速率在640 KB/s～1 MB/s之间，终端设备主要是一个ADSL调制解调器。ADSL的基本原理是将传统电话线没有充分利用的带宽充分利用起来。传统电话线仅使用4K B的带宽，利用ADSL方式上网可以同时实现网络连接与语音通信，即使ADSL出现设备故障也不影响普通电话业务。ADSL适用于人口密度大、高层建筑多、网络节点密集的地段，具有系统结构简单、使用维护方便、性价比高的特点。

3．ISDN上网

ISDN（Integrated Services Digital Network）是综合业务数字网的简称，又称一线通，它是由电话综合数字网演变而来的。ISDN有两个信道，可以全部用于接入互联网，也可以仅用一个信道接入。如果两个信道同时使用，则数据传输速率为128 KB/s；使用一个信道时数据传输速率为64 KB/s，此时另一个信道可以作为普通电话使用。ISDN与拨号上网方式相比，大大提高了上网速度，并且除了终端设备外不需要改变电话线路，所以不需要大规模的投资。由于ADSL的出现，ISDN正日趋淘汰。

4．DDN上网

DDN（Digital Data Network，数字数据网）是利用数字信道来传输数据信号的。目前全国各地的电信系统都普遍开通了这项服务。DDN利用数字信道提供半永久性连接线路连入互联网，它利用一种全透明、全数字、优质的传输介质，其传输速率范围为64 KB/s～2 MB/s。DDN提供独享上网方式，缺点是费用稍贵，除了基本费以外，还根据上网流量计费。

5．有线电视电缆上网

传统的有线电视网只能实现单向传输，但经过改造后可以实现双向传输。终端设备是一个电缆调制解调器，它是利用有线电视网作为接入网的接入设备。有线电视电缆传输速率下行最高可达36 MB/s，上行最高可达10 MB/s。目前我国有许多地区的有线电视网开通了这项服务。有线电视电缆上网在我国具有广阔的前景，因为我国有线电视网十分普及，而且上网可以不占用电话线路，并且可以和数字式家电紧密集成。

6．光纤上网

光纤是一种直径为50～100μm的特殊传输介质，一般由石英玻璃或塑料制成，外裹一层折射率较低的材料，多根光纤连在一起就组成了光缆。光纤通信网才是真正意义上的宽带网，传输速度最快，单根光纤的传输速度目前可以达到100 MB/s～10 GB/s，而且相当稳定，缺点是价格较高。

7．无线接入

无线接入技术分为两种，一种是固定接入方式，如微波、卫星和短波等。微波接入的典型方式是建立卫星地面站，租用通信卫星的信道与上级ISP通信，其单路最高速率为27 KB/s，可多路复用，优点是不受地域的限制。卫星通信传输技术是利用卫星通信的多址传输方式，为全球用户提供大跨度、大范围、远距离的数据通信。与微波接入技术类似，利用专用的短波设备也可以接入互联网，且接入速率和距离都较理想。由于短波有绕射力，因此这种技术适用于在城市及市郊做中远距离联网。

另一种是移动接入方式。利用手机上网除了可以进行网页浏览、收发电子邮件等常规互联网服务外，还可以发送短信息、下载铃声、下载屏保等，传输速率约9.6 KB/s（GSM）～163 KB/s（CDMA）。目前移动通信技术发展很快，从最早的GSM发展到GPRS和

CDMA，再到向3G方向过渡。相信不久的将来，通过手机移动上网将会十分普及。

8．局域网共享上网

局域网连入互联网的方式非常普遍，基本原理是通过局域网上的服务器共享上网；也就是说，局域网上的任何一台计算机经过授权后都可以经由服务器共享上网，当然服务器必须安装相应的代理服务器软件或进行相关设置。比如校园网通过光纤连入互联网，而学校内部的电脑可以共享这根光纤上网，光纤局域网内的传输速率范围为$10\sim100$ MB/s。

共享上网的速度取决于服务器的带宽和局域网内同时上网电脑的数据流量大小等诸多因素。共享上网是一种间接上网方式，对于服务器的上网方式并没有严格的限制，如ADSL、DDN专线、光纤上网等都可以。共享上网的一个最大的优越性是充分利用了服务器的网络带宽，并且容易管理，还可以节省宝贵的IP地址资源，特别适合于广大企事业单位、政府部门、高校等使用。

9．电源线上网

日本、瑞士、韩国等国家已经研制成功电线上网的解决方案，而在中国福建省电力试验研究院研制成功的"10MB/s调整电力调制解调器"填补了我国在这一领域的空白。电源线上网是一种全新的"宽带"上网方式，目前我国部分地区已经开始试点电源线上网的技术，实际上就是计算机通过专门的调制解调器上网。每一栋居民楼中都有一个转换装置，将互联网信号转换成电线信号，住在这栋楼的所有居民只要在有电源插座的地方都可以上网。

4.3.5 内联网、外延网和互联网

1. 内联网（Intranet）

内联网即企业内部网，是一个设计用来在公司和组织内处理信息的网络。它的用途包括提供诸如文档分发、软件发布、数据库访问和培训等服务。之所以命名为企业内部互联网，是因为它使用了诸如Web页（网页）、Web浏览器、FTP站点、电子邮件、新闻组和邮件列表等与互联网相关的应用程序，但它的作用范围仅限于公司或组织内部。

2. 外延网（Extranet）

外延网是企业内部网的扩展，它利用WWW技术实现了和企业的供应商及客户之间的通信。企业外部网允许客户和供应商获得有限的访问企业内部网的权力。

3. 互联网（Internet）

互联网是一个由世界范围内的网络和应用TCP/IP协

24

议簇相互通信的网关所构成的网络集合，其核心是一个高速数据通信骨干网，连接着数以百万计的商业、政府、教育和其他部门的计算机，它们作为主要节点或宿主计算机负责数据和消息的路由选择。

4.4 网络编程技术

1．标识语言

（1）标准通用标识语言。标准通用标识语言（Standard Generalized Markup Language，SGML）是ISO在1986年所采用的一个信息管理标准，它可以提供与平台及应用程序无关的文档，这些文档中包含格式、索引和链接信息。SGML为用户提供了一个类似于语法的机制，以定义文档和标签的结构。

（2）超文本标识语言。超文本标识语言（Hypertext Markup Language，HTML）是一种标签语言，用于编写WWW网上的文档。HTML是SGML的一个应用程序，它用标签标记文档中的文本及图像等元素来指示网络浏览器如何显示这些元素，以及如何响应用户的行为。HTML文件由头部（Head）和主体（Body）两部分组成。

（3）扩展标识语言。扩展标识语言（Extended Markup Language，XML）是SGML语言的一种压缩形式，它允许Web的开发者和设计者创建自定义的标签，这样XML就比早期的HTML文档编码系统在组织和表现信息方面具有更大的灵活性。

2．Java

Java是由Sun 公司开发的一种面向对象的编程语言。Java类似于C++语言，但它比C++更强健且所占内存更小，使用更方便，更易于移植。Java的设计实现了安全机制，且与平台无关（即能在任何平台上运行）。由于用户需要从多种计算机上访问Web，所以Java是编写Web应用程序的有用工具。

3．.NET

.NET是微软公司开发的一种全新的编程语言，Microsoft .NET代表了一个集合、一个环境、一个可以作为平台支持下一代互联网的可编程结构。.NET的最终目的就是让用户在任何地方、任何时间利用任何设备都能访问其所需的信息、文件和程序。

.NET Framework包括通用语言运行环境、Framework类库和Active Server Pages。.NET还包括一个产品的集合，这个集合包含以下组成部分：.NET平台、.NET系列产品和服务（如MSN. NET、Office. NET、Visual Studio. NET、bCentral. NET等）、第三方厂商的.NET服务。

.NET包括四个重要特点：一是软件服务的变化，

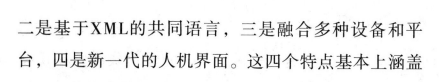

二是基于XML的共同语言，三是融合多种设备和平台，四是新一代的人机界面。这四个特点基本上涵盖了.NET的技术特征。

【案例分析】

1996年Intel公司的3位高管决定辞职去创业，以抓住美国刚颁布的《电信法》带来的机会。这项法案废除了市话公司的垄断，允许其他公司向企业和个人提供电信服务。新公司的目标是既提供语音服务也提供数据服务，所以创办者给公司起名为Covad。开业前两年，Covad只是一家在旧金山湾和硅谷地区运营的地方性公司，业务是向企业和ISP销售互联网访问服务。1998年互联网泡沫达到高峰，Covad公司于是请来电话巨头US West公司的高级副总裁罗伯特·诺林（Robert Knowling）将公司提升一个层次。接下来的两年里，公司从股市上募集了20多亿美元，并将业务拓展到全国98个大城市。截至1999年底，公司客户超过20万，其中不乏美国在线（AOL）、MCI等大公司以及全国各地快速成长的地方性ISP。它紧追主要对手北点通信公司，采取利用外部资金快速发展的策略。

Covad公司的最大客户群是面向小企业和居民互联网接入服务的ISP。到2000年，这些ISP的客户没有了，Covad公司也就失去了来自这些ISP的收入——互联网的泡沫破灭了。Covad公司发展的速度太快了，必然陷入极度困境。快速增长时它把投资者的钱都投在设备上，手里没有现金可供它度过这个低迷期。

2001年公司请来了新总经理查利·霍夫曼（Charlie Hoffman），负责依据《破产法》第11章重组公司，这就使公司减轻了负债并有机会重整业务。霍夫曼调整了公司策略，不再像以前那样注重面向转售DSL上网服务的ISP的销售，而是直接向ISP的客户销售上网服务。到2004年，Covad公司已有70万DSL和IP用户，基本扭亏。

尽管最初的计划是同时提供语音和数据服务，但Covad公司仅靠数据服务就快速成长起来。2004年Covad公司开始在数据线路上提供电话语音服务（称为VoIP，IP电话）。在上网及IP电话市场上，Covad公司面临有线电视网络公司强大的竞争压力，后者多年来一直在提供上网服务，现在也开始提供IP电话服务。Covad公司的上网服务也面临提供DSL上网的ISP（很多是Covad公司以前的客户）、卫星与定点无线接入服务商的竞争，它的IP电话服务的竞争对手是市话公司和全国性的移动通信公司。

电子商务的平台是网络。作为人类信息革命的重要产物，网络（尤其是互联网）在20世纪末获得了惊人的爆炸性发展。互联网已成为计算机网络一个重要的发展方向，而数据通信技术又是计算机网络基础，因此要了解电子商务，就必须了解互联网，同时也应该了解计算机网络和数据通信的基础知识。

【复习思考题】

❶常用计算机网络的拓扑结构有几种？

❷互联网的发展历程如何？

❸OSI参考模型指的是什么？请简单扼要说明其各层的特点。

第5章
电子数据交换

《学习目标

- ·掌握电子数据交换定义
- ·了解电子数据交换标准的三要素
- ·了解电子数据交换系统的组成
- ·熟悉电子数据交换特点、标准、系统及电子数据
  交换与互联网
- ·了解电子数据交换（电子商务）的效益及应用
  实例

《内容概述

本章主本章要讲解基础知识，让读者了解电子数据交换的工作过程及其在现实中的应用。

5.1 概述

5.1.1 基本概念

1. 什么是电子数据交换

电子数据交换（EDI），联合国标准化组织将其描述为"将商业或行政事务按照一个公认的标准处理，形成结构化的事务处理或报文数据格式，是从计算机到计算机的电子传输方法"。也就是说，EDI是指以某种标准形式在企业之间通过计算机到计算机的方式传递企业信息。交换信息的两个企业称为交易伙伴。如果某企业能以一定的标准形式来交换数据，则称该企业为EDI兼容，其中所交换的业务信息为交易数据，同时也包括与交易相关的其他信息，如报价和订单状态等。企业间的交易数据一般包括发票、订购单、报价请求、发货单和收货通知等。

EDI可以归纳为以下五个特点：是计算机系统之间所进行的电子信息传输；是标准格式和结构化的电子数据交换；是按照发送者和接收者一致认同的标准和结构进行的电子数据交换；是由计算机自动读取而无需人工干预的电子数据交换；是为了满足商业用途的电子数据交换。

EDI产生于20世纪中叶，当时的商业领域交易日趋活跃，贸易额快速增长，同时电子技术迅速发展，计算机和通信技术日新月异，人类的信息交换手段发生了巨大的变革，各种计算机通信网络遍布世界各地，使人们之间的联系越来越紧密。为了有效地改善商业作业方式，逐渐形成了EDI这项电子应用技术。因此，EDI是企业最早采用的电子商务，它在"电子商务"这个术语出现之前20年就已经存在了，甚至有人把EDI称作电子商务的起源或雏形。

2．电子数据交换的分类

根据EDI发展的不同特点，可将其分为封闭式EDI、开放式EDI和交互式EDI。

（1）封闭式EDI。由于EDI传输的信息是格式化的商业文件或商业单据，因此它要求商业机构之间必须统一传输技术和信息内容的标准，这样EDI必须通过商业伙伴之间预先约定的协议来完成。协议的范围不仅包括技术协议（例如通信协议、报文格式和报文内容等），还包括商业伙伴之间，甚至商业伙伴与增值网络服务商之间签订的法律上的协议。当所有协议达成后，参与方必须依据书面文件进行EDI的测试，以确保与协议一致。当其他贸易伙伴要加入时，也必须遵守原EDI参与方之间所有的约定和协议。由于不同行业、不同地区实施EDI所采用的标准和协议的内容是不同的，这就导致大量不同结构的EDI系统的出现。各个系统之间由于所采纳的标准和传输协议不同，彼此之间相对处于封闭状态，因此称之为封闭式EDI。

（2）开放式EDI。由于封闭式EDI的应用缺乏整体标准体系的支持，使得EDI系统越来越复杂，并逐渐形成专用的、封闭的EDI孤岛的格局。为了解决这一问题，一些国际组织提出了开放式EDI的概念。开放式EDI被定义为"使用公共的、非专用的标准，跨时域、跨商域、跨现行技术系统和跨数据类型的，以互操作性为目的的自治采用方之间的电子数据交换"。开放式EDI试图通过建立一个通用基础传输协议和标准系统来解决开发中产生的问题，其方法是构造一个开放式的环境，发展EDI多应用领域的互操作性，以及创建应用多种信息技术标准的基础，同时保证EDI参与方对实际使用EDI的目标和含义有一个共同的理解，以减少乃至消除对专用协议的需求，使得任何一个参与方不需要事先安排就能与其他参与方进行EDI业务。

（3）交互式EDI。由于传统的EDI系统是在单一方向上传送一个完整的报文，报文发送方通过网络服务方将报文发至接收方的信箱中，接收方定期从信箱中提取报文。采用这种方式时，从发出报文到接收报文存在一定的时滞，因而称为批式EDI。批式EDI虽然已经比纸面文件的传送节省了许多时间，但还是不能满足某些个别情况的需要。例如，有些EDI应用系统本身要求较高水平的实时反应，如机票预订、自动提款等。而且从未来的发展看，EDI用户对现行批式EDI反应时间的要求越来越高，因此这些因素使批式EDI终将被交互式EDI所代替。交互式EDI是指在两个计算机系统之间连续不断地以询问和应答形式，经过预定义和结构化的自动数据交换达到对不同信息的自动实时反应。一次询问和应答称为一个对话。在交互式EDI中，对于用户等待应答的时间，可以达到秒或分秒的应答水平。

目前，交互式EDI的研究仍处在理论和开发的初级阶段，它以开放式EDI为基础，是将来EDI的发展方向。

5.1.2 工作原理

EDI接收手工准备的单证或其他商业应用中的表格，将其数据翻译成标准的电子格式并发送出去。在接收端，标准数据被重新翻译为接收方可以读取的数据。这样，通过计算机与计算机之间交换信息，一个应用的输出变成另一个应用的输入，其结果是消除了纸面交易中的延迟和错误。使用EDI的好处可以从一个

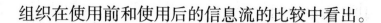

组织在使用前和使用后的信息流的比较中看出。

1. 纸面形式下贸易单证的处理

操作人员首先使用打印机将企业管理信息系统（MIS）数据库中存放的数据打印出来，形成贸易单证，然后通过邮件或传真的方式发给贸易伙伴。贸易伙伴收到单证后，再由录入人员手工录入到数据库中，以便各个部门共享。

这种传递方式经过了大量无意义的消耗，首先在发送方将电子数据转换为硬拷贝的纸面单证，然后到了接收方又将这些硬拷贝再次转换成电子信息。

2. EDI方式下贸易单证的处理

数据库中的数据通过一个翻译器被转换成字符型的标准贸易单证，然后通过网络传递给贸易伙伴的计算机。该计算机再通过翻译器将标准贸易单证转化成本企业内部的数据格式，存入数据库中。

使用EDI载体，减少了纸面工作，节省了管理费用。更重要的是，信息的可访问性增加了，还允许对操作进行更有效的审计。

3. EDI的使用过程

EDI的使用过程实际上就是信息流的自动化过程，就是使用EDI方式的购买、运输和相应的支付过程的单证流。其具体步骤如下：

（1）买方的计算机向卖方的计算机发送采购订单。

（2）卖方的计算机向买方的计算机发送采购订单确认。

（3）卖方的计算机向运输公司的计算机发送运输请求。

（4）运输公司的计算机向卖方的计算机发送运输确认。

（5）卖方的计算机向买方的计算机发送提前运输通知。

（6）运输公司的计算机向卖方的计算机发送运输状况。

（7）买方的计算机向卖方的计算机发送到货通知。

（8）卖方的计算机向买方的计算机发送商业发票。

（9）买方的计算机向卖方的计算机付款。

所有通过EDI形式发生的交易都是由计算机自动生成的。

5.1.3 应用与发展

1．EDI在国外的发展应用情况

目前，EDI已经在国外得到广泛的应用。为了促进本国贸易的发展，各国政府都对本国的EDI标准、技术和应用系统投入了大量的人力、物力。

美国是世界上最早应用EDI的国家，其最初的应用系统都是基于ANSI X.12标准开发的。目前在美国国内商贸业务中有相当大的一部分商务单证和票据都是通过EDI在网络上进行的。据美国海关统计，EDI电子商贸系统处理的业务量占海关申报货物的93%，占放行货物的92%，电子资金托收占日均托收的49%。美国海关规定，对于用EDI方式的报关者将给予优先处理，对未采用EDI方式的海关手续将推迟处理。

加拿大也是世界上使用EDI较早的国家之一，最初其EDI采用美国标准，20世纪90年代以后开始参照EDIFACT标准重新规划和开发系统，其系统业务范围包括申报、检验、通关放行、承运、货物数据分类、信息统计、资金转账、关税和国内税的电子支付等。目前加拿大每年进出口交易中经由该系统的业务量达50%以上。

日本、新加坡和韩国是亚洲最早开发利用EDI的国家。韩国从1991年开始开发并逐步推广应用其贸易网络系统。该系统包括海关、银行、保险公司、运输、大型工业集团等约41个部门的主要单证交换业务。其功能首先从单一的单证报文数据交换开始，并逐步向预申报处理、仓单编排、货物分类、电子资金转账、统计分析等领域发展。

2．EDI在我国的发展应用情况

随着对外开放的深入，特别是对外经济贸易活动规模的迅速扩大，我国与国外数据交换量急剧扩大。根据许多国家的统计，单证费用占产品贸易额的7%左右。我国对外贸易每年的单证费用大约是100多亿美元，如果采用EDI技术，每年仅此一项就可节省数十亿美元。

此外，由于欧美等发达国家海关均已采用EDI，我国的亚洲邻国或地区也已开展了EDI，因此不论是从创建国际贸易伙伴关系、提高通关效率，还是从有效地参加国际商业竞争、创造巨大外贸效益考虑，EDI的开发与应用已成为我国经济贸易发展的一项重大课题。

同时，国内经济的快速增长，特别是各类市场的迅速发展，对EDI系统有着潜在的需求。以生产资料市场为例，过去重要的生产资料完全由国家分配，每年召开一次或两次订货会议，生产厂家和用户代表在会上供需见面，落实订货，其结果是一方面库存总量高得惊人，另一方面规格品种不对路现象严重，企业还需派出大批采购人员设法寻找适销对路的产品。近年来，生产资料市场逐步放开，但重要生产资料库存总量过高和采购人员满天飞的现象仍没有得到实质性的改变，这其中原因很多，但是信息交换少且时效性差，缺少像EDI这样的信息交换系统不能不说是一个重要原因。

我国在20世纪90年代初就由国家技术监督局会同对外经济贸易部等单位一道开始了国际商贸实务领域的信息化研究。早在1991年就开发出了一套用于海关监管、征税和统计业务的综合信息处理系统——"报关自动化系统"。后来随着技术的不断发展和完善，一个以UN/EDIFACT为标准的国际商贸单证报文数据交换系统逐渐向商检、运输、银行、进出口管理等领域扩展。1993年以后我国开始发挥宏观管理和组织优势，统一组织进出口管理部门、海关、税务、国家计委、中国银行、中外运、保险、邮电、国家技术监督局和国务院电子办等单位协调制定EDIFACT在中国的标准和相应的应用系统开发问题，并提出了金桥（国家网络信息化建设）、金卡（国家金融信息化建设）、金关（国家外贸处理信息化建设）和金税（国家税务信息化建立）四项宏观信息化建设工程，从整体上确定了我国未来信息化建设的框架。

5.2 EDI标准

5.2.1 EDI的数据标准

EDI之所以能在商贸领域取得巨大发展，其主要原因不是简单地在原有系统上加上通信功能，也不仅仅是取代原有的纸张和邮件，而在于它能自动接收和处理各种单据，从整体上提高工作效率，节省时间，创造商机。由于各国、各地区、各行业的纸面单证的内容、形式均不相同，若要使EDI系统能自动接收和处理电子单证，该电子单证就必须遵照一个统一的标准格式。如果交易各方不遵守共同的标准而各自为政，则交易难以完成，至少需要大量的机器处理时间和处理功能来翻译和处理不同格式的报文，由此增加的成本、延长的时间以及系统的复杂性将是EDI用户所不能接受的。因此，EDI的标准化问题从EDI诞生之初就提出来了。

1．EDI的基本组成要素

一个EDI标准至少要包括数据元目录、段目录和EDI标准报文格式。因此，数据元、数据段和标准报文格式是EDI标准的三要素。

1）数据元

贸易数据元是电子单证最基本的单位。制定EDI标准首先就要定义标准所涉及的贸易数据元，对其名称、使用范围、数据类型和长度作出详细规定。贸易数据元是制定EDI标准的基础，它决定了标准的适用范围。

2）数据段

因为任何纸面的贸易单证都是由一些具有一定功

能的项组成的，所以电子单证为实现纸面贸易单证的功能而与其项对应的就是数据段。每一个数据段都是由一组数据元组成的。由于电子单证是以报文形式在网络上传输的，因此它除了包括相应的纸面贸易单证的内容外，还要包括一些必要的控制段。数据段可分为以下两种：

（1）用户数据段。它是用来反映单证中具有一定功能的项，也就是反映商贸信息的。它对应着纸面贸易单证上的一个栏目，如发货方、收货方、标识、地点、单位、货物识别码、包装等。

（2）控制数据段。也可称为服务数据段，用于规定报文格式或通信、交换要求，它是为电子传送提供信息服务的，如报文标题、报文开始、报文结束等。控制数据段与用户数据段的不同之处在于：功能上，控制段是对整个EDI报文的控制、标识与描述；使用上，不同类型的EDI报文具有相同的控制段，而用户数据段的取舍取决于报文的类型。

对于数据段的定义，包括数据段标识、数据段名称、数据段功能和组成数据段的数据项。

（3）标准报文格式

标准报文是按照EDI标准句法规则写成的一个反映某商贸单位贸易行为的电子邮件。报文的内容由数据段构成，一个数据段又由若干个数据元构成。标准报文格式指出了要传递的标准单证的格式，它一般包括以下两部分：

（1）报文控制部分。由控制段构成，至少包括报文头和报文尾两个段。

（2）报文内容部分。由数据段构成，涉及的数据段由报文性质决定，报文中用到的数据段需要从相应的数据段目录中选取出来，按一定先后次序出现在标准报文中。这样，必要的控制数据段加上一定数量的用户数据段就构成了EDI标准报文。

2．EDI标准的语法规则

它类似语言的文法，即如何将一些最小的数据元组合成为数据段，又如何将一些数据段组合成为一个标准报文。

在EDI技术发展的历史上，并不是所有的数据交换都必须遵从某一个国际标准。从实际使用的角度出发，有两种解决数据格式问题的方法：一种采用国际标准，如 EDIFACF和 ANSI X.12；另一种采用所谓的行业标准或地区标准。

在一个行业或地区内部建立一个数据交换中心，所有用户不必采用国际标准，可以采用自己定义的数据交换格式，这种内部格式只在行业内部或地区内部使用。如果某个用户需要与外界的EDI用户交换数据，则由这个数据交换中心将内部格式转换为符合国际标准的数据格式，再传送给外界的EDI用户；从外部接收EDI报文时，数据交换中心将标准报文翻译成内部格式，再传送给内部用户。

5.2.2 EDIFACT标准构成

EDIFACT标准包括一系列涉及电子数据交换的标准、指南和规则，主要有以下八个方面的内容：

（1）EDIFACT应用级语法规则（ISO 9735）。应用级语法规则规定了用户数据结构的应用层语法规则和报文的互换结构。

（2）EDIFACT报文设计指南。报文设计指南是为标准报文的设计者提供技术依据。

（3）EDIFACT应用级语法规则实施指南。这一指南的目的是帮助EDI用户使用EDIFACT语法规则。

（4）EDIFACT数据元目录（ISO 7372）。EDIFACT数据元目录收录了200个与设计EDIFACT报文相关的数据元，并对每个数据元的名称、定义、数据类型和长度都予以具体的描述。

（5）EDIFACT代码目录。代码目录给出数据元中的代码型数据元的代码集，收录了103个数据元的代码，这些数据元选自EDIFACT数据元目录，并通过数据元号与数据元目录联系起来。

（6）EDIFACT复合数据元目录。所谓复合数据元是由别的数据元组成的，其功能更强，包含的信息量更多。目录收录了在设计EDIFACT报文时涉及的60多个复合数据元。

（7）EDIFACT段目录。段目录定义了EDIFACT报文中用到的段，注明了组成段的简单数据元和复合数据元，并在数据元后面注明此数据元是"必备型"或"条件型"。段目录中除有段名外，每个段前均标有段的标识。

（8）EDIFACT标准报文目录。这是已得到联系和批准的贸易单证标准报文的集合。EDIFACT标准报文格式分三级：0级、1级和2级。0级是草案级，1级是试用推荐草案级，2级是推荐报文标准级。

5.3 EDI网络

5.3.1 EDI的网络连接

1. EDI网络组织结构

不同业务部门通过EDI网络实现EDI连接的逻辑结构如图5-1所示。

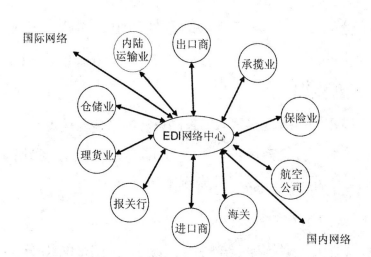

图5-1　EDI网络的逻辑结构

EDI网络的通信机制，是建立在信箱系统基础上的存储转发系统。由于信箱系统自身固有的特性，使得EDI网络组织结构与电话网和分组网是完全不同的。

全国的EDI网络结构，在整体上应是建立在分组网上的一种星型结构。具体讲就是，在分组网上划区建立有限几个物理信箱系统，在各城市电信局建立通信节点（Node），然后通过通信节点和分组网连通全国所有用户，从而实现全国公用信箱系统。网络的组成结构如图5-2所示。

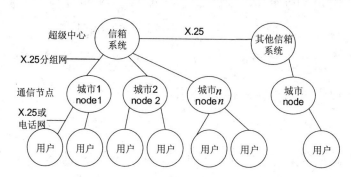

图5-2　EDI网络的组成结构

信箱系统和通信节点的数据通道，可以根据业务量的大小，采用呼叫连接、永久虚电路或DDN数字专线等不同形式。

EDI网络结构具有两大特点：

（1）信箱系统的集中性。即它不需要在各地都设立物理的信箱系统，全国只需设立有限几个信箱中心就能满足组网的需要。

（2）网络组织结构的二级性。EDI网络分为两级，第一级是信箱中心，第二级是通信节点。

以上所述的组网方式，在技术和经济两方面都具有很多优越性，比较可靠的保证。

在技术方面：

（1）这种组网方式可以满足用户对信箱数量的需求，对分组网的传输不会产生太大的压力，用户端也不会出现接入困难和时间延长的问题。这是由以下三个方面来保证的：

①EDI的单证文件一般都很短，大部分都在1 KB以内，因此每个文件占用信道传输的时间很短；

②EDI通信是非实时通信，不需要通信双方联机操作，只需单方接入信箱系统，因此用户接入信箱系统时几乎不会出现像电话网上的忙音和占线问题；

③信箱通信可以调整时差，平衡忙闲业务量。

（2）减少信箱系统的数量，可以减少信箱系统互联产生的问题，也提高了通信的效率。EDI是高层协议的通信，虽然有X.400系列和X.435通信标准，但这些标准都是功能定义，实现方式很灵活。目前EDI通信软件都是由EDI厂家自己实现的，实现功能、实现方法、编码方式、内部处理和安全系统相差很大，因此不同信箱系统之间的互联都存在一些复杂的技术问题。为解决这些问题，需要两个EDI系统厂家根据对方的软件和协议进行调整和改造，或增加转换装置。因此，应尽量减少信箱系统的数量，尤其是要减少异种信箱系统的数量。

（3）集中的信箱系统维护方便，容易实现系统软件的升级和开发，并避免由于升级版本不统一和不同步而造成的互通困难。

（4）有利于系统的技术开发和其他新业务的开发工作。

在经济方面：

（1）减少EDI信箱系统的数量，可以节约一大笔投资和软件升级费用，只花很少的钱就可实现全国范围的EDI服务。

（2）可以减少信箱运行和维护费用，降低成本。

（3）有利于各地电信部门迅速组织和推广EDI业务。

（4）有利于EDI国际业务的开展和信箱系统的互联。信箱系统的互联，不仅有技术问题，也有经济问题。

尤其是在国际业务的互联中，因为每同一个信箱系统互联或经一个信箱系统转接，都需要进行结算，这些问题有时比技术问题更难解决。减少国内信箱系统的数量，便于以统一的口径同国外EDI网络进行账务谈判和结算。

（5）可以降低用户分摊的信箱成本，降低信箱使用费用，提高用户效益。同时，由于用户与信箱系统之间采用X.25的分组网互连，用户需付的通信费用很低，而且与距离远近无关。

（6）由于分组网的通信费用较低，而且费率与距离无关（只分市内、国内、国际三档），因此全国各地用户通过X.25分组网接入EDI信箱系统是非常经济的。

2．EDI的服务组织结构

EDI的服务组织结构如图5-3所示。

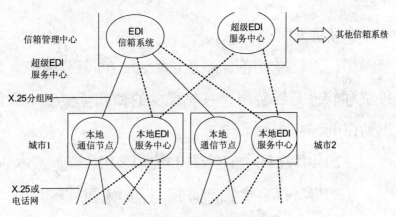

图5-3 EDI的服务组织结构

EDI的服务（业务）组织结构取决于两方面的因

素：一方面是EDI的网络组织结构（技术方面）；另一方面是EDI业务本身固有的特点（使用部门、业务对象、业务流程、法律问题等）。

在服务组织结构中，有以下几个问题要进一步说明：

（1）建立服务中心的必要性。实现EDI有两个层次的问题，一个是通信层次的问题（包括传输和信箱），另一个是EDI文件标准和法律效力等问题。信箱系统与通信网络是解决第一个层次问题。在通信问题解决之后，大量的工作就是解决第二个层次的问题，包括协调用户之间EDI文件格式标准、解决文件传送的法律效力问题、管理入网用户、开发用户终端软件等。这些工作是大量的和经常性的，因此必须有一个EDI服务中心来承担这些工作。

（2）EDI服务中心。在服务组织结构中，信箱系统和服务中心可以合一，也可以分离，这取决于信箱系统的提供者是谁。如果信箱系统是由专业的电信部门或其他增值业务公司提供，那么EDI信箱系统和EDI服务中心应该分离。EDI通信平台的开放性，又提供了这种分离的可行性。如果信箱系统由服务中心自己提供，则应二者合一。同样，本地通信节点和本地EDI服务中心可以为集中模式，也可以为分离模式。

关于EDI服务中心的组成，目前并未形成统一认识。根据国外经验，EDI服务中心应该是一个相对独立的部门，不应隶属哪个部门，并且应有一定的政府职能。

（3）EDI服务中心的分级。参照国外经验，结合我国实际情况，EDI服务中心应分为两级：第一级与信箱系统相对应，称为超级EDI服务中心，此类中心全国只宜设一个或少量几个。第二级为本地EDI服务中心，与通信节点相配合，应设在EDI业务集中的省会和大城市。目前可在一个省设一个这样的服务中心，中小城市不设，而是通过节点和信箱系统受省级服务中心的管理和协调。省内EDI业务可以通过省内服务中心组织，对跨省和国际EDI业务则可通过全国EDI服务中心组织。

在EDI业务发展初期，应首先组建本地EDI服务中心，它是实现EDI业务的组织基础。对于全国EDI服务中心的功能、组织方式以及跨省和国际EDI业务的管理，还需要进一步研究。

（4）电信部门与EDI服务中心的关系。直接采用电信部门提供的信箱系统组建EDI服务中心，是建立服务中心最为经济的方案。此种方案不仅可以节约对服务中心和用户的大量投资，还可以节省大量的维护和更新费用。为了确保用户能够用电信部门提供的信箱系统来实现完整的EDI，需要实现EDI的通信组织（通信平台）与EDI服务中心的相对分离。EDI通信平台的

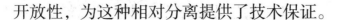

开放性，为这种相对分离提供了技术保证。

（5）服务中心之间应实行业务收入结算和再分配。

3.国外的EDI网络与服务组织结构

国外的EDI网络组织结构和服务组织结构也大都存在两种模式：一种是EDI服务中心与信箱系统合一的集中模式，一种是EDI服务中心与信箱系统分离的模式。

新加坡采用的是集中模式。因为新加坡地域小，全国只设置一个服务中心，并由国家政府部门投资建立信箱系统。

美国有许多家增值业务公司提供信箱和EDI业务，如AT&T、Sprint、MCI、GE等，另外还有十几家银行提供金融EDI业务。这些增值公司仅提供EDI通信平台，并没有出面组织EDI服务中心。在美国，由于存在大量的行业标准，没有形成统一的EDI服务中心。法律问题由EDI律师协会负责，EDI标准由美国国家标准研究所负责。虽然增值公司很多，但在一个公司内，其EDI的网络组织结构和服务组织结构基本相同，都是采用有限的物理信箱系统和广泛的通信节点的组网模式。例如GEIS公司的EDI和电子信箱业务遍布全球，但它在全世界仅设有三个物理信箱系统，其中两个在美国，另外一个在荷兰的阿姆斯特丹。此外还在全球750个城市设有通信节点，在更多的城市和国家设有业务服务机构。信箱和节点之间采用X.25网连接，向全球提供开放的EDI通信平台、EDI业务和其他信箱业务。

银行SWIFT系统的业务遍布全球，但它只有一个信箱系统用于交换和处理信息。

5.3.2 基于互联网的EDI

5.3.2.1 Internet EDI的产生

1. 传统EDI的困惑

EDI是一种在异构的应用或平台间用电子格式交换数据的过程，它是连接信息孤岛的有效手段。EDI并非简单地把数据从一个系统输出到另一个系统，而是在系统间进行真正的交互操作。在过去的几十年中，传统EDI在企业内部事务处理自动化方面取得了明显的效果，提高了工作效率，但在企业外部事务自动化处理方面改善的程度是非常有限的。企业间以及它们与其商业伙伴间的交流仍旧是依赖人工处理，因此效率很低。

如果全世界企业间的贸易能全部通过EDI来实现，所节省的费用将是惊人的。EDI自产生应用至今仍未得到广泛的普及，EDI的效益并不像人们所预想的那样，其原因何在?我们可以从企业采用EDI的过程来分析其症结所在。

　　企业要实现传统的EDI，商业伙伴必须采取以下步骤：达成称为商业协议的某种协议；选取某种增值网（VAN），然后商业伙伴订购或自己编写客户软件，对双方所使用的两种数据集合的格式进行映射；每当有新的商业伙伴加入时，都要编写新的软件，以便将发送方的数据集合翻译成接收方所能识别的格式。当一个新的商业伙伴加入时，上述步骤都要从头做起。

　　EDI数据通过各种标准（专业、行业、国家和国际标准）进行交换，但实际上往往会有例外。例如，商业规则中的填订购单，销售商可能想增加注释，因为这些注释反映了一定的商业操作，必须支持；现实世界中的标准、每个国家的特殊要求会使标准变得非常复杂；实现EDI时，不同企业根据需要对标准进行一定的选择，去掉他们根本不使用的部分，形成被裁剪了的标准信息版本，花费很高，且不同版本之间的信息不能相互处理。所以，在传统EDI中定义了严格的事务集合，对数据的内容、结构和处理需求进行了阐述。换句话说，在事务集合中嵌入了商业规则。商业规则与事务集合定义的结合引起了许多问题，其原因有以下几点：

　　（1）固定的事务集合。传统EDI最严重的问题就是建立在固定的事务集合的基础上，而公司不能为了适应一套固定不变的事务集合就使自己也保持不变，事务集合会妨碍他们发展新的服务和产品，并妨碍他们改变计算机系统和改善对业务的处理。由于每一对商业伙伴之间都需要进行数据映射的专用客户软件，所以这种方法非常不灵活。

（2）固定的商业规则。商业规则很难封装在事务集合的定义中。一个大型企业所用的商业规则可能在一个中小型企业中完全不适用；一个中等规模的企业所制定的商业规则，在一个小型企业中也可能根本不适用。不同行业间的商业规则也不同，甚至同一行业中具有同等规模的公司也会实现不同的商业规则。而且，商业规则是随时间变化的。

（3）实现EDI需要高额的费用，尤其是针对中小型企业，其原因在于：

① 实现传统的EDI需要对EDI概念有深入的了解，同商业伙伴达成一致意见，然后改造现有的系统，购买（或开发）相应的转换软件，购买增值网络（VAN）服务，这些对于中小企业来说难以轻易实现。加之早期计算机昂贵，调制解调器只有300 b/s，商品软件少，许多应用程序需要自行开发，因此只有很大的公司才有能力使用EDI。

② 大公司实施EDI可以带来明显的经济效益和高效率，中小型企业则不然。这是因为实现EDI需要高额的固定费用，这笔费用与之所能节省出来的费用必须达

到某种平衡。大型企业实现EDI不一定比中小型企业花费得多，因为两者的自动化程度不一样。实际上，由于大型企业的自动化程度高，中小型企业实现EDI反而要更贵一些。大公司通常只要实现一个EDI标准，而中小型企业必须适应其大商业伙伴们的各种各样的EDI标准，这会增加额外的成本。

③ 传统的EDI主要通过增值网络进行，存在着技术复杂、费用高的缺陷，使得EDI在企业尤其是在中小企业中的普及和发展受到严重制约。使用增值网EDI的用户除了要付给增值网络服务商电子邮箱的租用费外，还要按实际收发的报文数收费，大约是每页25美分。如果一个公司每月要处理12.5万份报文就要开支5～10万美元。而使用基于互联网的EDI，不仅相当简单便捷，而且同样的业务量只需要1万美元左右。

总之，传统EDI不仅实现起来很难，而且代价很大，因为对于每对商业伙伴都需要一种专用的解决方案。在外联网中提供某种公共协议也只是一个部分解决方案，因为每个公司所实现的系统都基于不同的平台、应用、数据格式（表示法）、协议、模式、商业规则等，把这些系统简单地连接到互联网上并不能解决根本问题。

2．互联网为EDI带来了新的生机

近年来，计算机和通信行业的迅速发展及互联网的普及使得EDI的应用成本降低，不仅仅是大型企业，包括中小型企业都能使用EDI进行业务往来。互联网是世界上最大的计算机网络，它对EDI的影响主要表现在：互联网是个全球性的网络，可以扩大参与交易的范围；相对于私有网络和传统的增值网来说，互联网可以实现世界范围的连接，花费很少，企业利用现有的互联网比直接使用费用较高的增值网络可以节省近75%的EDI实施资金；基于互联网的EDI系统容易实现，技术上不复杂；基于互联网的EDI还使商业用户可以使用其他一些电子商务工具，如多媒体能力和交互式EDI通信等，使商业用户可以进行实时通信并将图片和其他一些多媒体信息嵌入其传输事务之中；基于互联网的EDI可以帮助公司与那些没有EDI的小交易伙伴进行EDI活动。

互联网和EDI的联系为EDI发展带来新的生机，基于互联网的EDI（Internet EDI）成为新一代的EDI。据调查显示，用增值网络进行网络传输、交易和将EDI信息输入传统处理系统的EDI用户，正在转向使用基于互联网的系统，以取代昂贵的增值网络。

目前，虽然基于互联网的EDI还处于初始阶段，但是已有一些应用系统出现。典型的有：美国电子通信系统公司（Electronic Communication Systems Inc., ECS）开发的Netvan系统，该系统采用FTP协议并使用标准互联网加密对数据进行安全性处理，通过用户ID号和用户口令识别交易对象。通用电器信息服务公司（GEIS）是全美最大的VAN EDI服务提供商，他们开发的GE TradeWeb系统是一个与Harbinger Express相似的系统。GE TradeWeb能方便使用GEIS's VAN的大公司通过它与那些以前没有使用EDI的小的贸易伙伴进行EDI数据交换。其低廉的费用非常具有吸引力，初装费为25美元，月租费为65美元，或650美元每年，用户每月可以最多发30份报文，接收报文不受限制，在这些费用中还包含了技术支持费用。

有些企业已开始在互联网上使用EDI进行商务活动，如德州仪器公司（TI）。通过使用，他们发现Internet EDI 不仅提高了报文的传输速度，使他们能更广泛地接触市场，而且降低了费用。TI公司每个月大约处理18万个EDI报文，绝大多数的报文传输利用了增值网络服务。为期4个月的通过互联网传输报文的结果是费用节省了4个数量级，并且使以往通过增值网络的响应时间从几个小时降低到7～10分钟。Owens Corning，Inc.是在互联网上进行电子数据交换的另一家公司。他们的EDI系统采用的是在其VAN网络服务商Sterling Commerce，Inc.的基础上开发的基于Web的EDI系统，该系统允许其分销商使用浏览器在一个安全的Web站点上查阅产品价格目录和发出订单。订单由VAN转换为EDI格式并被加密后传送给Owens Corning公司。Sterling公司的负责人认为，用户之所以对互联网上的EDI业务发生兴趣，主要是因为要拓展他们目前的EDI运作范围。

EDI是一项涉及面广、影响力大的技术，已成为当今参与国际贸易竞争的重要手段。传统EDI的弱点阻碍了它的发展普及，互联网赋予EDI新的生机，基于互联网的EDI逐渐成为EDI的发展方向。而XML（Extensible Markup Language，可扩展标记语言）的应用所引导的Web革命，将带来新一代的Internet EDI。

5.3.2.2 Internet EDI

基于互联网的EDI主要有三种基本形式，即使用E-mail进行的EDI、使用Web页面进行的EDI、使用FTP进行的EDI应用系统，其实现框架如图5-4所示。

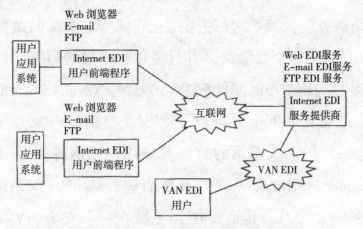

图5-4　基于互联网的EDI实现框架

1. 基于E-mail的Internet EDI

MHS报文处理系统虽然是一个很好的专用报文处理系统，但它是一个基于广域网的系统，在使用时对用户所在地域的网络环境和用户的网络知识有一定的要求。这对于那些大公司不会有什么困难，而对一些中小企业来说就会遇到一些困难。通过使用互联网上的E-mail功能来实现报文数据交换的最大好处就是不需要与广域网直接挂钩，用户只需要通过电话拨号就可以在网上收发电子邮件。

在使用E-mail进行EDI时，用户通过应用程序接口从其电子数据处理系统（EDP）或管理信息系统（MIS）中获取所要的数据，并经Internet EDI用户前端程序处理形成标准EDI格式的报文后，再通过加密处理后交由E-mail客户端程序发往提供Internet E-mail EDI服务的EDI服务商，Internet EDI服务提供商接收到用户发送的报文后，再将它转发到接收方的E-mail信箱。

接收报文时，用户从自己的E-mail信箱中收取报文，经解密后还原成标准EDI报文，再通过翻译程序将标准EDI报文翻译成用户平面文件，并根据用户需求与用户数据库相连接。

使用E-mail是互联网上最早的EDI应用，用ISP代替了传统EDI依赖的VAN，解决了信道的廉价问题，并且具有使用简单的特点，但不太适应交互式实时报文传输的需求。同时也应注意到其局限性，简单电子邮件协议（STMP）缺少保密性、不可抵赖性，且无法确认交付。虽然电文加密、电子认证和应用级的确认部分地解决了这些问题，但还是约束了其应用的扩展。

2. 基于Web的Internet EDI

Web EDI方式被认为是目前Internet EDI中最好的方式。Web EDI的目标是允许中小型企业只需通过浏览器和互联网连接去执行EDI交换。Web是EDI消息的接口，典型情况下，其中一个参与者一般是较大的公司，针对每个EDI信息开发或购买相应的Web表单，改造成适合自己的数据格式要求，然后把它们放在Web站点上，此时表单就成为EDI系统的接口。另一个参与者一般为较小的公司，登录到Web站点上选择他们所感兴趣的表单，然后填写它，结果提交给Web服务器后，通过服务器端程序进行合法性检查，把它变成通常的EDI消息，此后消息处理就与传统的EDI消息处理一样了。很明显，这种解决方案对中小企业来说是负担得起的，只需一个浏览器和互联网连接就可完成，EDI、软件和映射的费用则花在服务器端。Web EDI方式只需对现有企业应用做很小的改动，就可以方便快速地扩展成为EDI系统应用。

Web方式的EDI适用于中小型缺乏专业人员的企业，

是拓展EDI应用的一种有效手段，使中小型企业能参加到EDI应用之中，并且具有价格低廉的特点，但很难与企业内部系统整合，且不能提供交互式EDI的功能。

使用Web进行EDI的过程如下：当用户希望发送报文时，利用浏览器直接浏览Web EDI服务提供商的Web页面，根据Web页面的指示选择需要的电子表格，并填写表格后提交。Web提供商的服务器收到提交的内容后，对提交的内容进行检查，看是否符合EDI报文的各项规定，若符合则将提交内容转换为标准EDI格式的文本，作为电子邮件发送给指定的接受方，同时给提交方反馈正常提交信息；若不符合规定，则将不符合规定的地方指出，并反馈给提交方修改。

接收时，用户使用浏览器进入Web EDI提供商的页面，并提供用户标识和密码。Web EDI提供商的服务器接收到用户信息后，对用户身份进行检查，看其是否为授权的用户，检查通过后，Web服务器检查该用户的电子信箱，若有内容，则经过翻译后以Web页面的形式返回给用户浏览，并记录用户的使用情况。

3．基于FTP的Internet EDI

使用FTP进行EDI与使用E-mail进行EDI的过程相似，只是报文传输采用FTP方式进行。发送报文时采用FTP上传文件，接收时利用FTP下载报文。报文的生成、翻译和解释在客户端进行。如果要通过FTP来交换EDI信息，贸易伙伴之间的协议必须包括一些设定的标准。通常每一个贸易伙伴要登入FTP，必须先建立一个账号，并包括密码的设定。将来每一个EDIFACT信息会存储在一个文档中，而贸易伙伴协议则必须定义信息文档与目录的命名规则。

贸易伙伴之间的协议通常包括：FTP登录名称与密码，以及可接受登录的主机；目录与文档命名规则；文档加密协议与密钥；EDI资料的包装方式；信息格式的协议，即X.12或EDIFACT。

基于FTP的Internet EDI能实现与企业内部系统的结合，与基于EDI的Internet EDI相同，它也较适于实现批式报文交换，不适于实现交互式报文交换。

5.3.3 XML对互联网 EDI的影响

各种基于互联网的EDI方式使传统EDI走出了困惑，特别是使中小型企业受益匪浅。但另一方面，目前HTML标识语言过于简单也给应用带来了限制。近年来，XML越来越受到关注，给电子商务的应用带来巨大的影响。

由于XML负责内容和结构，把商业规则与数据分离开来，贸易伙伴能集中于数据内存和结构的交换，运用各自的商业规则，利用XML很容易为支持新的交易过程而扩展通信。

基于XML的Internet EDI不再拘泥于古板严格的标准，但这并不意味着利用XML的EDI不需要遵循任何规范。贸易双方为了能够理解交换的信息，仍需认可其格式和内容。

XML EDI有许多优点，主要表现在以下方面：

（1）XML所采用的标准技术已被证明最适合Web开发。应用于Internet EDI，则可以得到真正Web风格的EDI——XML/EDI。XML支持结构化的数据，可以更详细地定义某个数据对象的数据结构，如描述产品，详细定义该产品的生产厂、产品名、产品号、产地等信息，不仅为标记该产品提供方便，而且这种XML数据很容易按生产厂、产品名等排序，查询更方便。如果出现商业规则的例外，例如填写一个订购单，销售商可能想增加注释，反映一定的商业操作。用XML编写的Web，指定的数据放入文档中后，便可以加入一些注释，解决了以前固定格式EDI的困难。

（2）XML/EDI引进模板的概念，解决了EDI的主要问题——映射。模板描述的不是消息的数据，而是消息的结构以及如何解释消息，能做到无需编程就可实现消息的映射。在用户计算机上，软件代理用最佳方式解释模板和处理消息，如果用户应用程序实现了XML/

EDI，那么代理可以自动完成映射，并产生正确的消息，同时还可以为用户生成一个Web表单。与Web EDI不同，XML/EDI可以在客户端处理消息，自动变成映射，花费很小。通过模板，用户可以得到对其环境的最佳集成，模板可以存储在别处，动态地结合到本地应用程序中，这些使XML/EDI成为名副其实的Web风格的EDI。

（3）Web EDI允许中小型企业只需通过浏览器和互联网连接去执行EDI交换，但它是不对称的。一方面，实现EDI交换，承担所有实现EDI的费用的一般是较大的公司。它对EDI消息进行开发或购买相应的Web表格改造成适合自己的IC，然后放在Web站点上成为EDI的接口，于是它可以享受EDI带来的全部好处。另一方面，中小型企业参与EDI交换，但不能从EDI中得到全部好处。Web EDI只能让中小型企业负担得起EDI的费用，但在得到EDI的好处方面，与实现EDI方（较大公司）是不均等的。XML/EDI则不同，它能让所有的参与者都从EDI中得到好处，它是对称的EDI。这一方面是由XML的结构化和文件格式定义（DTD）的特点所致；另一方面则由于XML的超链接，可以进一步指定目标找到后的动作。XML本身的互操作性，使XML/EDI的参与者都能从中获得好处。

XML优秀性能带来了新一代Web，更使互联网与

EDI相融合，令EDI真正具备Web风格。发展中的XML/EDI将与电子商务（EC）和商务智能（BI）良好相容，使所有的企业都体会到EDI和电子商务所带来的好处。

【案例分析】

通用电气（GE）是世界上最大的也是最成功的公司之一。它下属的最早的企业通用电气照明设备公司在北美和世界其他地方的28家工厂生产3万多种电灯泡，生产电灯泡所用的原料都是标准配件，如玻璃、铝、各种绝缘塑料和灯丝等。灯泡的大部分生产成本是组装灯泡的机器所用的间接材料和配件，而这些间接材料和配件必须符合公司多达300万张设计图纸所规定的技术规范。

通用电气照明设备公司可从多家供应商招标购买间接材料和机器配件，这属于大批量、单品价值低的业务，但通用电气照明设备公司的招标过程非常耗时，且效率低下。每项交易都需要调出相关的设计图纸，影印后和其他规格文档一起邮寄给对招标感兴趣的供应商。采购人员一般要花4个多星期的时间收集有关信息，发给潜在的供应商，评价供应商的标书，与选定的供应商谈判以及最终决定订货，这种时间延误限制了通用电气照明设备公司的灵活性和响应客户需求的能力。

通用电气照明设备公司将电子商务工具应用到这些采购业务中，改进了整个采购过程。采购人员可通过计算机进入采购系统，当他们需要购买某个配件时就建立一个采购档案，内有采购数量、交货日期和交货地点等信息，然后从不断更新的供应商数据库中选择供应商，最后将存在另一数据库中的设计图副本调出，点击鼠标就可将招标的全部文档以加密形式发给所选的供应商。所有以前的手工作业流程全部在网上进行，只需数小时，而不是先前1周左右的时间。同时，也要求供应商在很短的时间内（通常是1周）通过互联网作出反应。采购人员评估供应商的应标并在网上签订合同，整个过程需要10天左右的时间。

对通用电气照明设备公司来说，最大的节省就是把整个过程从4周缩短到10天，并且消除了纸张以及纸张处理成本。另外，还有其他效益。由于网络系统简化了发标，这样就可以向更多的供应商发标，甚至以往因为难以通过邮寄方式应标的国外供应商现在也可以参加招标了。竞争促成更低的价格，而网上报标过程也使公司节省了20%的成本，供应商对从应标到确认是否获得合同时间的缩短也使他们更容易制订生产计划。

EDI是一项涉及面极广、影响极为深远、在世界范围内蓬勃发展的电子应用技术。EDI将计算机和通信网络高度结合，快速传递，处理商业信息，形成了涌动于全球的"无纸贸易"。EDI作为企业间交易活动的主要技术，现已成为实施电子商务的重要手段之一。

【复习思考题】

❶ 什么是EDI？

❷ EDI标准的三要素是什么？

❸ 简述EDI的实现过程。

第6章
电子支付技术

《学习目标

· 掌握电子支付的概念、特点，及电子支付系统的结构
· 掌握常用电子支付工具的概念、支付过程
· 了解传统支付方式的支付过程、电子商务对网络银行的要求、支付网关
· 了解我国网上银行的发展

《内容概述

本章主要讲授电子货币的各种形式在电子商务交易中的作用，重点讲解电子支付系统，让读者了解网上银行和移动银行的发展历程，有条件的情况下可以实践使用网上银行系统或通过实验模拟网上交易的支付过程。

电子商务活动包括两个基本环节：交易环节和支

付结算环节。企业或个人的对外交易，不可避免地要发生支付、结算和税务等财务往来业务，势必要求交易双方之间、交易者与银行之间能够通过网络进行直接的转账、对账、代收费等业务往来，而支付结算业务绝大多数是由金融专用网络完成的。因此，离开了网上银行，便无法完成网上交易的支付，从而也谈不上真正的电子商务。电子商务的应用必须有金融电子化作保证，即通过良好的网上支付与结算手段提供优质高效的电子化金融服务。而金融电子化的重要前提是要建立完整的网络电子支付系统，提供验证、银行转账与对账、电子证券、账务管理、交易处理、代缴代付、报表服务等全方位的金融服务和金融管理信息系统。

6.1　传统的支付方式

按使用技术的不同，支付方式可以分为传统支付方式和电子支付方式两种。本节重点介绍传统的支付方式。传统支付指的是通过现金流转、票据转让以及银行转账等物理实体的流转来实现款项支付的方式。传统的支付方式主要有三种：现金、票据和信用卡。

1．现金

现金有两种形式，即纸币和硬币，是由国家中央银行发行的，其有效性和价值是由中央银行保证的。纸币本身没有价值，它只是一种由国家发行并强制流通的货币符号，但却可以代替货币加以流通，其价值是由国家加以保证的；硬币本身含有一定的金属成分，故而具有一定的价值。

在现金交易中，买卖双方处于同一位置，而且交易是匿名的，买卖双方不需要了解对方的身份。显然，现金是一种开放的支付方式。任何人只要持有现金，就可以进行款项支付，而无须经中央银行收回重新分配。现金具有使用方便和灵活的特点，多数小额交易是由现金完成的。其交易流程一般是一手交钱，一手交货。现金交易存在其不足，主要表现在：受时间和空间限制，这给不在同一时间、同一地点的交易带来不便；受不同发行主体的限制，也给跨国交易带来不便；对于大宗交易，既不方便，也不安全。

2．票据

票据是为了弥补现金交易的不足而出现的，是出票人允诺或者委托他人见票时或在约定的日期支付确定的金额给持票人的有价证券。票据分为广义票据和狭义票据。广义上的票据包括各种具有法律效力、代表一定权力的书面凭证，如股票、债券、货单、车船票、汇票等，人们将它们统称为票据；狭义上的票据指的是汇票、本票和支票，是一种载有一定的付款日期、付款地点、付款人的无条件支付的流通凭证，也是一种可以由持票人自由转让给他人的债券凭证。这里所指的都是狭义票据。

通过使用票据，异地的大宗交易不必使用大量现金，减少了携带大量现金的不便和风险。而且，使用票据也有利于将交易中的物流和货币流分开。但票据也有其弊端，比如易伪造、易丢失，商业承兑汇票甚至存在拒绝付款和到期无力支付的风险，因此使用票据具有一定的风险。

3．信用卡

信用卡是银行或金融公司发行的，授权持卡人在指定的商店或场所进行记账消费的信用凭证。信用卡的常规大小与名片相似，卡面印有信用卡名称、卡号、发行日期、有效日期、发卡人等信息，背面有持卡人的预留签名、磁条和发卡人的简要声明等。信用卡最早起源于美国，发展至今已成为一种普遍采用的支付方式，并逐步取代了现金支付方式和票据支付方式。1981年，中国银行将信用卡支付方式引进中国。信用卡的使用流程如下：

（1）持卡人用卡购物或消费并在购签单上签字。

（2）商家向持卡人提供商品或服务。

（3）商家向发卡人提交购签单。

（4）发卡人向商家付款。

（5）发卡人向持卡人发出付款通知。

（6）持卡人向发卡人归还贷款。

信用卡主要有四大功能：转账结算、消费信贷、储蓄和汇兑。使用信用卡作为支付方式，可以减少现金流通量，简化收款手续，提高结算效率，并且可以用于异地存取现金，安全且灵活方便。但是，信用卡也存在一定的弊端，如交易费用较高、过期失效、容易遗失等。

6.2 中国支付系统的现状及其特点

6.2.1 银行体制结构

中国已经基本上确立了适应市场经济发展的两层结构的银行体系。中国人民银行自1985年起成为中央银行。依据1995年的《中央银行法》规定，中国人民银行的主要职责是制定和实施货币政策、对银行和非银行金融机构进行监管以及维持国家支付系统的正常运行。中国人民银行的运作是通过分布在全国的大约2,500家分/支行进行的，总行设在北京，在省、地市和县分别设立一、二级分行和支行。其分/支行设置如下：44家一级分行（省会城市和计划单列市）；320家二级分行（地区中心城市）；2200家县支行（县城）。

每一级分/支行都对其辖区内的商业银行、合作银行等进行管理，并对上级人民银行机构负责。这种结构反映了中央、省、地、县四级行政管理等级。自1978年到1985年先后组建了中国农业银行、中国工商银行、中国建设银行和中国银行四家大的国有商业银行。工、农、中、建四家大的国有商业银行的组织结构跟人民银行类似，分为总行、省分行、地市分行和县支行四级管理。不同的是，各商业银行的分/支行以下还设立了许多营业网点，因而分支机构数目远比人民银行多。除了四大国有商业银行以外，还有许多全国、地方性综合银行、城市合作银行和农村合作银行等为广大客户提供支付服务。

6.2.2 中国支付系统概况

从概念上讲，中国目前的支付系统可以划分为以下五个相对独立的分系统，它们是：

（1）同城清算所（LCH），处理行内和跨行支付交易。

（2）三级联行系统，处理异地支付交易。

（3）电子联行系统，处理异地跨行支付的清算与结算。

（4）支付卡授信系统。

（5）邮政支付系统。

对每一个分系统，都可以按照支付工具的种类和支付工具的清算及结算方法进行描述。虽然不同的支付工具其处理方式不尽相同，但支付清算系统的一个最根本的部分，是所有异地跨行支付都首先经过同城清算在商业银行之间进行跨行清算和结算，然后再进行所谓各商业银行系统内处理异地支付清算的联行（手工三级联行或电子资金汇总）系统。人们通俗地称这种异地支付的清算方式为"先横（跨行）后直（行内）"，但是，由于上面叙述过的账户开设和管理办法，这种"先横后直"的处理方式不仅把一笔支付交易至少变成了两笔支付交易，而且使处理程序复杂化了。人民银行的电子联行系统（EIS）正是为了克服这种不足而建立的异地跨行电子资金转账系统。

为了加速异地支付指令的传递和使跨行支付的清算与结算处理更加合理，人民银行于1989年开始建立处理跨行异地支付的全国电子联行系统（EIS）。目前这个系统已覆盖了全部人民银行一、二级分行和部分支行。自1995年下半年开始的"天地对接"和"网络到县"工程使EIS系统发挥了更大作用。

EIS系统的设计使异地支付（包括商业银行内各

分行之间的支付和异地跨行支付）的处理流程更加合理，从而大大加快了异地支付的清算和结算过程。但是由于人民银行清算账户的开设和管理方式仍然没有改变，所有的账务处理仍然分散在人民银行各分行完成，EIS系统只不过是把支付工具交换路程最远的一段"电子化"了。

近几年来各大商业银行都发行了一定数量的支付卡，用于ATM提现和POS支付。这些支付卡基本上仍然采用磁条技术，授信方式为脱机电话授信。各商业银行发的卡尚不通用。自1993年以来，中央银行组织协调各大国有商业银行，对银行卡进行了统一规划，其指导思想是：建立统一的基础设施（如通信网络和授信中心），各银行发行的卡可以通用。目前已在部分省、市开始了银行卡试点工程。另外，采用IC卡技术的银行卡已在个别地方出现。

像许多国家一样，中国邮政支付系统在个人消费者支付汇款中起了重要作用。邮政局提供信汇和电报汇款，主要面向消费者个人客户。由于直到目前，消费者个人（绝大多数）尚没有基本的银行交易账户，信用卡提供的异地支付能力还很有限。汇款人通常要携带现金到附近邮局办理汇款手续，收款邮局通知收款人到指定邮局领取。邮政局还开办了邮政储蓄业务，消费者可以从其邮政储蓄账户汇出（或汇入）资金。各邮局之间的资金结算是通过开设在人民银行的特殊账户实现的。

6.3 电子支付

随着网络经济时代的到来和电子商务的飞速发展，传统的支付方式已无法适应新的交易模式。在电子商务交易模式中，企业与企业、企业与消费者、消费者与消费者之间进行交易时，整个交易过程（销售、购买、支付等）都要在网络虚拟市场环境中实现，这样就要求货币必须具备适合于在网络空间中流通的特性，即支付过程和支付手段必须完全电子化。相应地，银行应具有经营这种货币的功能。从20世纪70年代开始，网络技术的发展促进了电子资金转账（EFT）系统的发展，缩短了银行之间支付指令的传递时间，减少了在途资金的占压，各种电子支付方式也相继出现。

6.3.1 电子支付的概念及特征

电子支付指进行电子商务交易的当事人，包括消费者、厂商和金融机构，使用安全电子支付手段通过网络进行的货币支付或资金流转。电子支付以金融网络化为基础，以商用电子化设备和各类交易卡为媒介，以计算机技术和通信为手段，将资金以电子数据形式存储在银行计算机系统中，并通过计算机网络系统的传送形式实现资金的流通与支付。

电子支付经历了以下五个发展阶段：

（1）银行利用计算机处理银行之间的业务，办理结算。

（2）银行计算机与其他机构的计算机之间进行资金结算，如代发工资、代扣公积金等业务。

（3）利用网络终端向客户提供各项银行服务，如客户可在自动柜员机（ATM）上进行存、取款操作。

（4）利用银行销售点终端（POS）向客户提供自动的支付账款服务。

（5）电子支付可随时随地通过互联网进行直接转账结算，形成电子商务环境。这一阶段将逐渐成为现阶段的主要支付方式，这就是网上支付。

与传统支付方式相比，电子支付具有以下特征：

（1）电子支付是在开放的网络系统中采用先进的数字技术来完成信息传输的，其各种支付方式都是通过数字化的方式进行款项支付的；而传统的支付方式则是通过现金的流转、票据的转让以及银行的转账等实体形式的变化实现的。

（2）电子支付基于一个开放的系统平台（即互联网平台），而传统的支付方式是在较为封闭的环境中运作。

（3）电子支付使用的是最先进的通信手段，如互联网、局域网，因而对软、硬件设施要求很高；而传统支付使用的则是传统的通信媒介，对软硬件没有要求。

电子支付突破了时间和空间的限制，具有快捷、方便、高效、经济的优势。

6.3.2 电子支付工具

为了便于人们理解和接受，各种电子支付手段自然而然地模仿了传统支付方式的称谓，主要包括电子现金、电子支票和电子信用卡等。这些支付工具中，有些可能会普及应用，有些可能会被淘汰。下面对这三种支付工具的概念、运作机制及特点进行简单介绍。

6.3.2.1 电子现金

电子现金（E-cash）又称为电子货币（E-money）或数字货币（digital cash），是一种以数据形式流通的货币。它把现金数值转换成为一系列的加密序列数，通过这些序列数来表示现实中各种金额的币值，被看作是现实货币的电子或数字模拟，是买家和卖家之间进行在线交易时使用的货币。

电子现金通常是银行（或中介机构）发行并由法定

货币支撑的数字金融工具，它不是像各种金属货币、纸币以及各种票据那样的物理实体，而是肉眼看不到的，只能用电子化设备读取的电子信息。它具有一般等价物的作用，能完成货币的五种基本功能（价值尺度、流通手段、储蓄手段、支付手段和世界货币）。它的流通手段、储蓄手段和支付手段等都是基于计算机网络、通信网络系统等平台，以电子信息方式来实现的。

大多数电子货币的基本流通形态是相似的，即用一定金额的现金或存款从电子货币发行机构（通常是金融机构）处兑换并获得代表相同金额的数据（具有货币价值的电子信息），通过使用某些电子化方法将该数据直接转移给支付对象，从而能够清偿债务。

目前，比较有影响的电子现金系统有E-cash、Net cash、Cyber Coin、Mondex和EMV现金卡等。电子现金具有人们手持现金的基本特点，同时又具有网络化的方便性、安全性、秘密性。因此，电子现金必将成为网上支付的主要手段之一。

1．运作机制

电子现金支付过程的四个步骤如下：

（1）电子现金购买：用户在电子现金发布银行开立账号，用现金服务器账号预先存入的现金来购买电子现金证书，这些电子现金就有了价值，并被分成若干的"硬币"，可以在商业领域中流通。

（2）电子现金存储：使用计算机电子现金终端软件从E-cash银行取出一定数量的电子现金存在硬盘上。

（3）电子现金使用：用户与同意接收电子现金的厂商洽谈，签订订货合同，使用电子现金支付所购商品的费用。

（4）资金清算：接收电子现金的厂商与电子现金发放银行之间进行清算，E-cash银行将用户购买商品的钱支付给厂商。

电子现金的支付过程如图6-1所示。

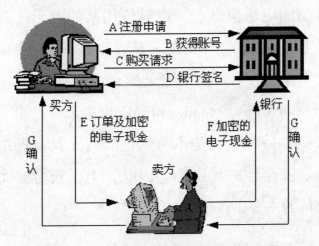

图6-1　电子现金支付过程示意图

2．特点

（1）安全性。电子现金技术融合了现代密码技术，提供了加密、认证、授权等机制，只限于合法人使用，能够避免重复使用，因此防伪能力强。身份验证是由E-cash本身完成的，E-cash银行在发放电子货币时使用了数字签名。商家在每次交易中，将电子货币传送给E-cash银行，由E-cash银行验证用户所持的电子货币是否有效。电子现金无须随身携带，减少了遗失和被偷窃的风险。

（2）匿名性。电子现金运用了数字签名、数字认证等技术，这也确保了它实现支付交易时的匿名性和不可跟踪性，维护了交易双方的隐私权。

（3）具有现金特点，可以存取、转让，适用于小的交易量。

3．存在的问题

（1）成本较高。电子现金对于硬件和软件的技术要求都较高，需要一个大型的数据库存储用户完成的交易和E-cash序列号，以防止重复消费。因此，尚需开发软硬件成本低廉的电子现金。

（2）存在货币兑换问题。由于电子现金仍以传统的货币体系为基础，因此从事跨国贸易就必须要使用特殊的货币兑换软件。

（3）风险较大。如果某个用户的硬盘损坏，电子现金丢失，钱就无法恢复，这个风险是许多消费者都不愿承担的。更令人担心的是一旦电子伪钞获得成功，那么，发行人及其一些客户所要付出的代价则可能是毁灭性的。

（4）由于缺乏电子现金系统的国际标准，而且许多电子现金系统要求用户下载和安装同浏览器一起运行的复杂的客户端软件，再加上信用卡技术的冲击，这使得电子现金没有得到广泛应用。

6.3.2.2 电子支票

传统支票是基于纸介质的支票，使用时客户填写支票，签字盖章后将支票交给收款人，收款人背书后交给收款人银行，收款人银行和付款人银行通过票据清算中心进行资金清算。实质上，电子支票的支付过程与传统支票的支付过程是一致的，只是电子支票完全抛开了纸质的媒介，是纸质支票的电子版本，其支票的形式是通过网络传播，显现在电子屏幕上，并用数字签名代替了传统的签名方式，它利用数字传递将钱款从一个账户转移到另一个账户。

电子支票的支付是在与商户及银行相连的网络上以密码方式传递的，多数使用公用关键字加密签名或个人身份证号码（PIN）代替手写签名。用电子支票支付，事务处理费用较低，银行也能为参与电子商务的商户提供标准化的资金信息，故而可能是最有效率的支付手段。使用电子支票进行支付，消费者可以通过计算机网络将电子支票发向商家的电子信箱，同时把电子付款通知单发到银行，银行随即把款项转入商家的银行账户。这一支付过程在数秒内即可实现。然而，这里也存在一个问题，那就是：如何鉴定电子支票及电子支票使用者的真伪？因此，就需要有一个专门的验证机构来对此作出认证。

现在，在一些发达国家，纸质支票的使用已经逐步减少，这一方面是因为纸质支票的处理成本较高，支付速度慢；另一方面，由于信息安全技术的应用，使纸制支票转化为电子支票成为可能。1996年美国金融服务技术财团研制出的电子支票交易系统现在仍在广泛使用。2002年，新加坡开发了亚洲第一大电子支票系统，此外，Netbill和Netcheque等电子支票系统也在试用当中。将来，电子支票的应用将会更加广泛。

1．运作机制

电子支票交易的过程可分以下几个步骤：

（1）购买电子支票。买方首先必须在提供电子支票服务的银行注册，开具电子支票。注册时可能需要输入信用卡和银行账户信息，以支持开设支票。电子支票应具有银行的数字签名。消费者和商家达成购销协议并选择用电子支票支付。

（2）消费者通过网络向商家发出电子支票，同时向银行发出付款通知单。

（3）消费者用自己的私钥在电子支票上进行数字签名，用商家的公钥加密电子支票，使用E-mail或其他传递手段向卖方进行支付，这样只有商家可以查看用其公钥加密的电子支票。

（4）商家通过验证中心对消费者提供的电子支票进行验证，用消费者的公钥确认消费者的数字签名，验证无误后将电子支票送交银行索付。

（5）银行在商家索付时，通过验证中心对消费者提供的电子支票进行验证，验证无误后即向商家兑付或转账。

（6）商家向消费者发货。

2．特点

（1）电子支票与传统支票工作方式相同，易于理解和接受。

（2）加密的电子支票使它们比基于公共密钥加密的数字现金更易于流通，买卖双方的银行只要用公共密钥认证确认支票即可，数字签名也可以被自动验证。

（3）电子支票适于各种市场，可以很容易地与EDI应用结合，推动EDI基础上的电子订货和支付。

（4）第三方金融服务者不仅可以从交易双方处收取固定交易费用或按一定比例抽取费用，还可以以银行的身份提供存款账目，且电子支票存款账户很可能是无利率的，因此给第三方金融机构带来了收益。

（5）电子支票技术将公共网络连入金融支付和银行清算网络。

6.3.2.3 电子信用卡

信用卡支付是电子支付中最常用的工具。在商场、酒店、机场等许多场所，可以采用刷卡记账、POS结账、ATM提取现金等方式进行支付。在电子商务中，最初的信用卡模式是：用户首先在某一公司登记一个信用卡号码和口令，以后用户就可以用这个卡号和口令通过网络在此公司购物，用户只需将口令传送到该公司，购物完成后，用户会收到一个确认的电子邮件，询问购买是否有效。若用户对电子邮件回答有效时，公司就会从用户的信用卡账户上减去这笔交易的费用。现在更安全、更先进的方法是在互联网环境下通过VISA和Master Card联合制订的安全电子交易规范SET协议进行网络支付，用户在网上发送信用卡号和密码，加密后发送到银行进行支付。

电子信用卡的代表是智能卡。随着技术的发展，信用卡的卡基由磁条发展为能够读写大量数据、更加安全可靠的智能卡，称之为电子信用卡或电子钱包。由于智能卡内安装了嵌入式微型控制器芯片，因而可储存并处理数据。卡上的价值受用户的个人识别码

85

（PIN）保护，因此只有拥有者能访问它。多功能的智能卡内嵌入有高性能的CPU，并配备有独立的基本软件（OS），能够如同PC机那样自由地增加和改变功能。这种智能卡还设有"自爆"装置，如果犯罪分子想打开IC卡非法获取信息，卡内软件上的内容将立即自动消失。

智能卡最早是在法国问世的。20世纪70年代中期，法国Roland Moreno公司采取在一张信用卡大小的塑料卡上安装嵌入式存储器芯片的方法，率先开发成功IC存储卡。发展到现在，电子信用卡在网上应用较为成熟，是目前互联网上支付工具中使用积极性最高、发展速度最快的一种，主要有Internet Cash、招商银行的"一网通"、E-cash Services、Cyber Cash和First Virtual Holding等。著名的网上书店Amazon.com和国际域名管理机构Internic.net都是应用网上信用卡实现实时清算系统进行收款的。

1．运作机制

智能卡系统的工作过程是：首先，在适当的机器上启动用户的互联网浏览器查找要购买的商品。这里所说的机器可以是PC机，也可以是一部终端电话，甚至是付费电话。找到要购买的商品后，用户通过安装在PC机上的读卡机，用其智能卡登录到用户服务的银行Web站点上，智能卡会自动告知银行用户的账号、密码和其他一切加密信息。完成这两步操作后，用户就能够从智能卡中下载现金到商家的账户上，或从银行账号下载现金存入智能卡。

例如，在电子商务交易中，用户想在线购买一本40元的书，用户将其智能卡插入到计算机的读取设备中（或者键入智能卡的卡号和密码），登录到用户的发卡银行，输入密码和书店的账号，进行转账业务。转账完成，则书店的银行账号上增加了40元，用户的现金账面上减少了40元，用户购买图书成功。

2．特点

电子信用卡使电子商务中的交易简便易行。由于智能卡使用嵌入式芯片来存储信息，因而具有存储信息量大、存储信息范围广、便于携带等优点。安全电子交易（SET）标准的使用使得电子信用卡支付具有很好的安全性和保密性。此外，电子信用卡对通信网络的要求不高，因此便于普及。

但是，目前智能卡的推广应用中还存在一些障碍，主要表现为：智能卡制作成本较高；不能实现一卡多能、一卡多用；不同种类的智能卡和读写器之间不能跨系统操作等。

6.3.3 电子支付中存在的问题

众所周知，互联网是一个完全开放的网络，任何一台计算机、任何一个网络都可与之连接。借助互联网发布信息，获取与共享各种网站的信息资源，发送E-mail与开展网络办公，进行各种网上商务活动（即电子商务），这些都极大地方便了政府、企业与个人的现代事务处理，直接带动了一个网络经济时代的到来。但同时，也有很多别有用心的组织、个人或黑客（Hacker）经常在互联网上寻求机会窃取别人的各种机密，如信用卡密码，甚至妨碍或毁坏别人的网络系统。据美国《金融时报》做过的统计，平均每20秒钟就有一个网络遭到入侵。虽然遭受入侵的大多是安全防护不力的网络系统或数据系统，但说明了互联网上这类不道德活动或非法活动的猖狂。在这种情况下，如果没有严格的安全保证，商家和客户就极有可能因担心网上的安全问题而放弃电子商务，从而阻碍了电子商务的发展。信息的安全、资金的安全、商务系统的安全都会直接影响到电子商务能否顺利进行。因此，保证电子商务的安全既是电子商务的核心问题，同时也是难点。

目前网络支付主要存在以下几大安全隐患：

（1）支付账号和密码等隐私支付信息在网络传送

过程中被窃取或盗用。支付信息在网络传输过程中的安全性是网络支付面临的最大安全问题，它造成的后果是非常严重的。例如，当一个客户的信用卡号码和密码在网上被窃取后，盗用者就可以利用客户的信用卡信息伪造出一张新的信用卡，然后轻轻松松地从任何一个ATM或POS机中取出客户的资金，给客户造成极大的损失。同时，客户由于信用卡和存折都没有丢失，并不能及时发现，只有当发现信用卡内资金不明不白地大量减少时，才有可能发觉被人盗用。伪造信用卡的案件在全世界各个国家都屡见不鲜。

（2）支付金额被更改。利用网络支付系统进行支付时，由于系统设备错误而发生多支付或少支付的问题时有发生。例如，本来总支付额为25元，结果支付命令在网上发出后，由于某一方的原因从支付方账号中划去了2500元，这就给网上交易一方造成了困惑。虽然这种问题事后解决并不困难，但是给交易双方增添了不少麻烦或误会。

（3）无法有效验证收款方的身份。支付方不知商家到底是谁，商家不能清晰确定信用卡等网络支付工具是否真实以及资金何时入账等。一些不法商家或个人利用网络贸易的非面对面性，以及互联网上站点的开放性和不确定性进行欺诈活动。在一些拍卖电子商务网站上进行拍卖欺诈是目前主要的网络欺诈手段之一。

（4）对支付行为或支付的信息内容进行抵赖、修改和否认。交易的某方为了自己的利益，随意否认支付行为的发生或发生金额，或更改发生金额。例如，支付方当日并没有支付250元贷款，却坚持说已经支付完毕；收款方已经收到1000元贷款而矢口否认；或者本来交易额只有1000元，却坚持认为发生2000元等。这些行为发展下去，将会给网络支付的信用体系造成毁灭性的打击。

（5）网络支付系统突然非人为地中断、瘫痪、被故意攻击或使网络支付被故意延迟。由于客户的电子货币信息存放在相应的银行后台服务器中，当银行网络遭到非人为的损害或黑客的故意攻击，而导致银行后台服务器出现错误、运行中断或瘫痪时，客户肯定无法使用其电子货币；或者导致正在进行的网络支付进程中断，这必定影响客户的支付行为。此外，网络支付需要通过互联网进行支付信息的传输。但是当网络病毒造成网络堵塞时，网络支付结算过程将拖延，这也可能造成交易双方的损失或客户的流失。

例如，2003年1月25日，互联网上出现一种新型蠕虫病毒，即"2003蠕虫王"，这种病毒具有极强的传播能力，在亚洲、美洲、澳大利亚等地迅速传播。它大量消耗网络资源，导致网络访问速度非常慢，甚至导致全球主干网基本瘫痪。互联网的瘫痪势必影响网络支付处理系统的正常运行，从而使得客户的网络支付受到影响也是必然的。

随着社会的进步以及技术的发展，在电子商务网络支付中也会不断出现新的安全问题形式，当然，新的防护技术和工具也在不断诞生中。在各方面技术越来越进步、越来越完善的情况下，这些影响电子支付安全的问题必将陆续得到解决。

6.4 网上银行

任何电子商务活动都离不开网上银行，网上银行是完成交易不可缺少的服务机构，买卖双方必须通过它来完成电子货币的支付和清算。电子商务是伴随着互联网的普及而产生的新型贸易方式，其最终目的是实现网上物流、信息流和资金流的三位一体化，从而形成低成本、高效率的商品及服务交易活动。电子商务的发展，既要求银行为之提供相互配套的网上支付系统，也要求网上银行提供与之相互适应的虚拟金融服务。网上银行发展的最根本的原因，是为了大幅度地降低经营成本和提高其在金融业的竞争地位。互联网为银行业提供了全新的分销渠道，它不仅对银行的经营管理成本形成持续替代效应，而且通过对银行管理经营成本的转移，提高了银行在金融业中的竞争地位。网上银行作为电子化支付和结算的最终执行者，起着连接买卖双方的纽带作用。网上银行所提供的电子支付服务是电子商务中最关键的因素，直接关系到电子商务的发展前景。随着电子商务的发展，网上银行的发展亦是必然趋势。

1. 网上银行的概念

网上银行（Internet Bank），是指银行利用网络技术，通过互联网或其他共用信息网将客户的电脑终端连接至银行，实现将银行服务直接送到客户办公室或家中的服务系统。它可以向客户提供开户、销户、查询、对账、行内转账、跨行转账、信贷、网上证券、投资理财等传统服务项目。它拉近了客户与银行的距离，突破了空间和实物媒介的限制，使客户不再受限于银行的地理位置、上班时间，可以足不出户就能享受到银行的服务，能够安全便捷地管理活期和定期存款、支票、信用卡及贷款、个人投资等。网上银行代表着全新的业务模式和未来的发展方向。可以说，网上银行是互联网上的虚拟银行柜台。互联网用户可以不受时间、空间的限制，只要有一台PC、一个调制解调器和一个网络账号，就可以享受全天候的网上金融服务。这里的网上金融服务是指实质性的金融服务，除了传统的商业银行业务之外，还可以进行网上支付结算。

2. 网上银行的业务模式

按运行机制划分，真正的网上银行目前有两种形式：一种是完全依赖于互联网发展起来的全新网上银行，也叫虚拟银行，这类银行几乎所有的业务交易都依靠互联网进行，如美国安全第一网上银行，这种银行最大的优点就是节省费用。美国安全第一网上银行的行长估计其管理费用只占总资产的1%，而一般的银行则要达到3%～3.5%。所以它可以带给用户更多的利益，如提供优惠的利率，且收费仅为普通银行的三分之一。美国安全第一网上银行通过互联网提供全球性的金融服务，提供全新的服务手段，客户足不出户就可以进行存款、取款、转账、付款等业务。当然，客户进入网上银行的先决条件是要有一台连入互联网的电脑。在此基础上，客户即可登录到网上银行主页，用鼠标点击所需栏目，就可以遵照各类提示进入自己所需的业务领域了。

另一种网上银行模式是在现有商业银行基础上发展起来的，是传统银行运用公共的互联网服务开设新的电子服务窗口，开展传统银行业务交易处理服务，是实体与虚拟结合的银行。这种银行主要是运用计算机和网络技术开展传统银行业务，如日常交易处理、发展家庭银行、发展企业银行等。这种模式与前一种模式的不同之处在于，它是利用计算机辅助银行开展业务，而不是完全电子化。

能够提供网上服务已经成为银行国际化和先进性的一项重要标志。目前我国开办的网上银行业务都属于后一种。

3.网上银行的特点

金融环境竞争加剧，使得银行不得不重新审视自身的服务方式。已有多位专家预测，未来银行分行的开设将逐渐减少，自动取款机的增长率亦将减缓，而电话语音及网上银行的使用将大幅度增加。新兴的网上银行无疑是对传统银行的挑战，它将取代国际金融界长期以来一直讨论而未具体实施的家庭银行、企业银行等概念而成为银行最便利的服务手段。网上银行是一种高科技的银行业务手段，与传统的银行服务体系相比，具有以下明显优势：

（1）提高了金融服务质量。网上银行方便、快捷、高效的服务更能满足客户的多样化需求。目前，客户的需求越来越多样化，而且对效率等提出了很高的要求。通过网上银行，上网客户可以在家里开立账户，进行收付交易，省去了跑银行、排队等候的时间，减少了银行服务的中间环节。网上银行可以大范围、全天候、实时地提供各种服务，提供"AAA"式服务，这种服务包含更多的针对性、个性化和人情味。银行的电子化大大缩短了资金在途时间，提高了资金利用率和整个社会的经济效益。

（2）打破了地域的局限。以往银行投入大笔资金开设分行，客户往往只限于固定的地域，而网上银行则打破了地域的局限，可以永久地留住客户。

（3）拓宽金融服务领域。目前银行所提供的服务，无论是分行、ATM或电话语音，都难以像网上银行一样提供多元且交互的信息及服务。而网上银行不仅可以使企业或个人通过网络查询信息或实现在线交易支付，还可以帮助企业实现在线理财、企业集团服务、对公账务实时查询、网上转账、国际收支申报等广泛的金融服务。

（4）大大降低服务成本。与其他银行服务手段相比，网上银行可以减少固定网点数量和银行工作人员数量，从而使银行的投入与经营成本大大减少。一方面，网上银行的设立成本低；另一方面，通过网上交易，可以大大减少交易费用。另外，由于采用了虚拟现实信息处理技术，网上银行可以在保证原有的业务量不降低的前提下，减少营业点的数量。

（5）网上银行系统简单易用，便于升级维护。在网上服务中，客户处于中心地位，在使用网上银行服务时不需要特别的软件，甚至无需任何专门的培训，只要有一台电脑和调制解调器，拥有进入互联网的账号和密码便能在世界各地与互联网联网。入网后，即可按照网上银行网页的提示进入自己所需的业务项目，处理个人交易。这不仅方便了客户，银行本身也可因此加强与客户的亲密性。网上银行的客户端由标准PC硬件和浏览器软件组成，便于维护。网上E-mail通信方式也非常灵活方便，便于客户与银行之间以及银行内部之间的沟通。银行在升级应用系统或安装新产品时，只需简单地更新或升级服务器应用程序即可，而无需对客户端作任何变动。

6.5 国内外网上银行建设的现状

6.5.1 国外的网上银行

国际经济一体化和银行金融业国际化带来的激烈的国际竞争，是各国银行业纷纷发展和实行电子商务及网上银行的外在动力，而银行金融业创新发展的内在需求，则是其发展电子商务和网上银行的内在动力。银行要想在新世纪立于不败之地，加快网上银行和电子商务的进程是必须考虑的战略性选择。银行在互联网上提供的服务可以分为静态信息、动态信息、账户信息和在线交易四个阶段。现在，大部分银行的服务还只停留在第一阶段。

据资料显示，目前全球1000多家银行几乎全部连入了互联网，在互联网上建立了自己的网站，制作了网页，其中约有100多家可提供在线银行金融业务和服务，提供动态网页和动态信息的网上银行正在迅速增多。美国和欧洲是网上银行发展最为迅速的地区，其网上银行数量之和占世界市场的90%以上。在北美，IBM联合15家银行投资了1亿美元开发网上银行系统。美国第一安全网上银行建立了全球第一家无任何分支机构的网上银行，并于1995年10月开始运作。美国美洲银行等也推出了网上家庭银行。在欧洲地区，银行站点设立较多的国家分别为法国、奥地利、德国、英国、意大利和瑞典。

6.5.2 国内的网上银行

国内大多数银行也都正式推出了网上银行服务。各网上银行的服务内容包括网上企业银行、个人网上银行、网上支付、网上查询和网上证券等。网上银行正在逐步深入到我们的工作和生活中，它将带来一场金融服务的革命。我国发展网上银行业务，需要从具体的国情出发，针对网上银行的以下问题提出具体的方案：

（1）我国的计算机技术水平低，自己的产品特别是比较成熟的产品少，技术和产品中的绝大部分来自国外，如Chinanet 40%的网络设备是美国思科公司的产品，设计及安装都是国外工程师完成的，主动权完全掌握在外国人手中，这对我国网上银行的安全提出了严峻的挑战。只有我国的计算机技术的发展具有相当的水平，关键的技术及设备都为自己掌握和制造时，我国的网上银行才会有较大的发展。

（2）我国网上银行的发展目前主要是以实现最基本、最简单的功能为主，需要根据实际客户需求继续提供更多的银行业务服务。

【阅读材料】

招商银行（www.cmbchina.com）在国内银行中较早涉足网络银行，早在1997年就率先建立了自己的网站，开始探索网上银行业务。它的主页上目前提供了一卡通、网上支付卡、信用卡等业务的在线申请，也可以登录一卡通账户进行余额查询、账户存入支出记录、网上转账等操作。经过十几年的不断完善和发展，招商银行已经在国内网上银行中成功地树立了"一网通"的品牌，目前"一网通"已形成了以网上企业银行、网上个人银行、网上支付、网上商城、网上证券五大产品系列为主的网上银行服务体系。招商银行推出的网上支付卡拥有众多网上特约商户，支持目前几乎所有主流电子商务站点的交易，而且其申请和使用都是免费的。针对企业对B2B网上交易真实性和安全性等问题的担忧，招商银行首创了"网上信用证"功能，信用证的申请、开立、传递、查询、打印等所有业务流程均可以在网上完成。招商银行已先后为朗讯科技、爱立信、诺基亚等世界著名的高科技企业及国内的联想集团、中国联通、青岛海尔、长城电脑等知名企业提供了网上企业银行服务。

6.5.3 网上银行的发展

网上银行是互联网上的重要应用。虽然网上银行在全世界推出的时间还不长，但已成为一股不可阻挡的潮流。目前，国内所有银行都在互联网上建立了自己的网站，制作了自己的主页，已经推出或正在推出自己的网上银行或网上银行业务服务。网上银行也是新世纪银行的发展方向，是需要人们共同努力攀登的金融电子化高峰。尽管目前中国银行的"综合网络业务系统"还不能为客户提供全方位的银行业务服务，但其发展很快，前景美好。

在世界上，各国有实力的大银行都在争先恐后地创建网上银行。除了美国第一安全网上银行外，其他美国银行和许多国家的银行也推出了自己的网上银行，例如新加坡和其他一些国外银行也先后推出了一些网上银行业务。总的说来，这些网上银行也不都是尽善尽美的，它们距离客户要求的服务还有很大的差距，还需要不断改进和发展。

近年来，我国银行电子商务的基础建设已取得可喜成绩。中国金融数据通信网络的基本框架已经建成，卫星通信网已建有两个主站和646个地面卫星小站。全国电子联行系统已有一千多个收发报行，连接商业银行一万多个通汇网点，大大加快了全国异地资金的处理能力。支付清算系统已成立了全国银行卡信息交换总中心和金融清算总中心，新的支付管理机制正在积极推进之中，新创建的认证中心正在运行，可以相信，我国的网上银行必将得到高速发展、广泛普及和应用。

6.5.4 典型的网络银行

1．美国安全第一网络银行

1994年4月，美国的三家银行联合在互联网上创建了美国第一联合国家银行（SFNB），这是新型的网络银行，也称为美国安全第一网络银行，是得到美国联邦银行管理机构批准在互联网上提供银行金融服务的第一家银行，也是在互联网上提供大范围和多种银行服务的第一家银行，其前台业务在互联网上进行，其后台处理只集中在一个地点进行。该银行可以保证安全可靠地开办网络银行业务，业务处理速度快，服务质量高，服务范围极广。

1995年10月，美国第一联合国家银行在网络上开业，开业后的短短几个月，即有近千万人次上网浏览，给金融界带来极大震撼。于是有若干银行立即紧跟其后在网络上开设银行，随即此风潮逐渐蔓延全世界，网络银行走进了人们的生活。1996年初，美国第一联合国家银行全面在互联网上正式营业和开展银行金融服务，用户可以采用电子方式开出支票和支付账单，可以上网了解当前货币汇率和升值信息，而且由于该银行提供的是一种联机服务，因此用户的账户始终是平衡的。该行已经完成了对Newark银行和费城First Fidelity银行的兼并，从而成为美国第六大银行，拥有1260亿美元资产，有近2000家分行，已经有1100万用户，分布在美国佛罗里达州、康涅狄格州及华盛顿地区等12个州内。

美国第一联合国家银行面向美国的中低收入家庭提供多种服务，其中包括低限额抵押和无低限额支票账户服务等。从1998年1月份起，美国第一联合国家银行通过互联网为用户提供一种称之为环球网（Web Invision）的服务。环球网（Web Invision）系统是建立在美国第一联合国家银行PC Invison之上的一种金融管理系统。利用该系统，用户能够通过互联网访问自己最新的账目信息、获取最近的商业报告，或通过直接拨号实时访问资金状况和投资进展情况，不需要在用户端安装特殊的软件。环球网（Web Invision）系统主要是面向小企业和财会人员设计的，这些人可以利用该系统了解公司资金的最新情况，还可以利用该系统使用他们的电子邮件与美国第一联合国家银行联系，访问全国或地区性的各种经济状况和各种相关数据。

美国安全第一网络银行展现在客户面前的各种网络银行"柜台"服务如下：

（1）信息查询：可查询各种金融产品种类、银行介绍、最新消息、一般性问题、人员情况、个人理财和当前利率等。

（2）利率牌价：可以直接查看利率牌价。

（3）服务指示：可以告诉客户如何得到银行的服务，包括电子转账、信用卡、网上查询及检查等。

（4）安全服务：告诉客户如何保证安全以及银行采取的一些安全措施。

（5）客户服务：由银行客户服务部的人员解答各种问题。

（6）客户自助：客户在办理业务时，需要输入用户名及其密码方可进入系统等。

美国安全第一网络银行的金融业务服务包括：

（1）SFNB的存款信息：迅速轻松地得到客户所需要的在银行账户上的存款信息。

（2）SFNB总裁的信：向客户描述了如何使用银行的网上服务来省钱。

（3）SFNB网上服务：当客户第一次进入银行开设账户时，它告诉您如何开设账户、存取账户、付款和核查账户。

（4）SFNB在线表单：订购存款单和信封，建立ACH（Automated Clearing House）存款，再订购支票和改变地址信息。

（5）SFNB无风险保证：承诺可以保证用户的交易100%无风险。

（6）SFNB的私人政策：了解银行的私人信息的保密情况等。

美国安全第一网络银行的金融产品业务和服务还在发展和扩大，它为全世界的银行和金融机构树立了榜样，也为全世界的网络银行的创建与发展积累了丰富的经验。

2．Bank of America

Bank of America的网上业务主要集中在家庭银行和在线银行上。家庭银行使用者可以通过个人计算机，在家中24小时无障碍地进行银行业务。用户只需使用键盘或鼠标就可以进入Bank of America相连的支票、储蓄、货币市场、存款账户等业务中，也可以检查当前账户余额，划拨资金，下载个人喜好的理财软件，并可以使用家庭银行的"付账"功能支付每月的小笔开支。家庭银行能够方便及时地进行在线支付账单，用户可以一天24小时随时存取活期账户并进行结清。同时，使用家庭银行结算支票也非常容易，一旦进入家庭银行，用户就能查看上次交易结束时有哪些支票汇入自己的账户中。家庭银行中的理财软件可以有效规划用户的全部金融事务，包括跟踪和分析花费状况，准备纳税，甚至计划上学或为退休做准备。而在线银行则更为方便，它帮助用户直接存取账户，在线处理各项金融事务，使用户清楚地了解如何使用资金以及如何为将来储蓄。

3.花旗集团（花旗银行）

花旗集团是美国最大的金融服务机构，在全世界90个国家和地区为近4500万个客户提供服务，其网上服务主要是"直接存取（Direct Access）"，这是一种方便而安全的联机理财的好方法，同时提供的服务均为免费（免月费用、免费支付账单、免费划转资金、免费股票报价、免费客户服务）。花旗银行提供的服务主要有"签名进入"、"私人秘密与安全"、"开户"、"用户指南"和"相关协议"等。如果用户已经在花旗银行开设账户，只需进入"浏览器检查"（Check Browser）中查看自己使用的浏览器是否与Direct Access一致，便可马上开展网上业务。

花旗银行通过严格的安全保密措施，保护客户所有的信息，最小限度地使用客户信息以防不测。同时，花旗银行还向客户推荐产品服务和其他机会，并有效地管理各项业务。为了提供更好的服务，花旗银行有时使用Cookie，Cookie存储在客户计算机的网络浏览器上，并可以恢复部分信息，且只能由设置Cookie的站点读取。例如保存密码，以便不用每次访问花旗银行站点时都重新输入密码。用户可以建立网络浏览器通知花旗银行是否设置Cookie，以及设置的时间。

4．First City Bank＆Trust

First City Bank＆Trust侧重于家庭银行业务。任何时候，First City Bank＆Trust都可以将客户的账户权通过互联网转交给家庭或商业，客户可以直接拨号或电话上网。First City Bank＆Trust为客户提供家庭支付软件，客户可以得到服务，如支付账款；获得最新的贷款余额以及支票账户和储蓄账户的余额；查看账户上的历史业务记录；对支票设置停止支付；获得贷款支付信息；在账户之间划拨资金；通过电子邮件同First City Bank＆Trust进行交流以及其他的商业服务。

从应用上看，网上银行的实现并不是技术上的问题，大众更为关心的是网上银行的安全和管理。毫无疑问，网上银行的安全要比传统银行的安全问题更为人瞩目，这主要是由于互联网不受时间和空间的限制，很难预料可能的危险和隐患到底来自何时何处。现有系统大都采用安全系统层（Security System Level，SSL）、安全电子交易标准（Security Electronic Transaction，SET）、身份认证（Certification Authentication，CA）等措施来保证网上交易安全。而在具体实现上，这些措施则包括：存取账户要求一个独一无二的用户标识和密码，只有客户才能知道并有权进行修改；在计算机和网上银行等之间的数据传输使用SSL技术等加密，从各种角度维护客户的合法权益。随着电子商务的发展，网上业务成为金融业发展的重要方向。正如VISA所指出的那样：互联网将会在很短的时间内成为优化传递金融信息的极好渠道。最终，所有银行将出现在网上，并且大多数银行将在三年内拥有能够进行大多数传统银行事务处理的高级Web站点。虚拟银行以技术代替了人工，以虚拟空间代替了物理空间，从而具有交易成本低、方便、迅捷等特点，是未来银行、金融业发展的方向。

【复习思考题】

❶ 电子支付的工具和特征有哪些？

❷ 什么是电子支付？什么是电子支付系统？描述一下电子支付系统的基本构成。

❸ 目前电子支付中还存在哪些方面的问题？

❹ 什么是网上银行？描述一下网上银行的业务模式及它的特点。

❺ 电子货币的表现形式和主要特点是什么？主要功能为哪四项？

❻ 电子货币存在的缺陷是什么？

❼ 电子支票的安全要求有哪些？

❽ 什么是网上银行？它有哪些特征和功能？

❾ 尝试登录中国工商银行网站www.95588.com或www.icbc.com.cn，申请灵通卡并在网上购物。

❿ 尝试在网站www.bank-of-china.com上申请电子钱包，并利用电子钱包进行网上购物。

第7章
电子商务安全

学习目标

- 掌握电子商务的安全要求、电子商务安全体系
  （数字证书的概念、类型，认证中心的概念、
  作用）
- 熟悉计算机网络面临的安全威胁、计算机网络
  安全技术、病毒防治、数字加密技术、数字签
  名、数字证书
- 了解电子商务系统安全管理制度

内容概述

通过学习电子商务系统硬件安全、电子商务系统
软件安全、电子商务系统运行安全、信息的保密性、
交易文件的完整性、信息的不可否认性、交易者身份
的真实性、加密、解密、通用密钥密码体制、公开密
钥密码体制、数字摘要、数字证书、认证中心、SSL 协

议、SET 协议等概念，理解并掌握电子商务系统安全包含的范围、电子商务的四个安全要求、数字签名的作用、数字签名的原理、数字时间戳产生的过程、数字证书的原理、数字证书的类型、认证中心的作用、证书信任分级体系和SET协议的优点。

迅速发展的互联网给人们的生活、工作带来了极大的方便，人们可以坐在家里通过互联网收发电子邮件、打电话、进行网上购物、银行转账等活动。然而，你发出（或收到）的电子邮件是否被人看过，甚至还被人修改过？当你通过互联网从你的银行账户上给别人转账时，是否会有人恶意地将你的这一次操作重新执行一次甚至多次？总之，你在互联网上做的一切安全吗？种种疑问归结起来就是电子商务用户在进行数据传输时，不仅关心所发送数据能否按时被接收方收到，更关心数据在传输途中是否被篡改或泄密。作为接收方也需要确认数据的发送方身份的真实性，同时防止发送方对其操作的抵赖。不仅在信息传输过程中存在以上安全问题，而且存放在数据中心的信息也存在因黑客的光顾而失窃的危险。例如，1998年春，美国的一名黑客利用在新闻组中查到的普通技术手段，轻而易举地从多个商业站点中窃取了86326个信用卡账号和密码，并标价26万美元将这些资料出售。直到联邦特工最终抓到这名黑客时，失窃站点的信息主管们甚至还不知道站点已经被黑客光顾。据统计，美国每年因网络安全造成的损失高达75亿美元，我国的ISP、证券公司及银行也多次被国内外黑客攻击，信用卡诈骗案件也时有发生。另外，在系统处理能力提高的同时，系统的连接能力也在不断提高，由此带来的基于网络连接的系统安全问题也日益突出。

7.1 电子商务安全问题概述

顾客在网上购物时担心受到欺诈的顾虑不是毫无道理的。一个普通的计算机用户，只要能上互联网，就能够轻易地获取各种信息，也可以轻松地变为一个有威胁力的黑客。正因为如此，电子商务的安全问题才引起了交易各方的格外关注。

目前的电子商务安全策略应主要体现在以下几个方面：确定在互联网上用户及商户的身份验证；保护互联网上的交易；保护站点及企业网抵抗黑客的攻击。

7.1.1 引起电子商务安全问题的因素

任何形式的商务活动都存在安全问题，安全是一个相对的概念，商务活动的安全只能随着其过程的逐步规范而日臻完善。电子商务的安全有一定特殊性，产生电子商务安全问题的因素很多，涉及整个商务活动的各个方面。可以说，电子商务天生就存在安全上的脆弱性，主要表现在：

第一，电子商务是在互联网这个公共传输网络上进行的交易，其运作过程基本是通过以二进制位（比特）为单位的电子信息流在网上传递实现的。电子信息和传统交易中传递的单证的最大区别之一，就是其易传递性和易复制性。

第二，互联网是一个开放式的环境，这便于企业发布商务信息和客户选择所需商品，但在实际交易过程中传输的信息也容易被截获。共享（开放）和保密是矛盾的，既要保持系统开放，又要保证交易的安全、保密，所需技术自然比较复杂。

第三，电子商务的交易具有高度的隐蔽性和不确定性，交易双方互相隔离，只是通过互联网交换信息完成交易，所以很难用传统方法验证对方的身份。

第四，电子商务建立在复杂的网络环境之上，系统的复杂性表现在网络互联、多种设备共存、人机一体化，因此对系统安全的依赖性很强，特别是对网络通信设备、数据库服务器的可靠性以及数据的安全性要求很高。此外，系统的复杂性还不能不考虑电子商务系统中各种人为的因素，自然的、物理的和人为的不安全因素都会给这样一个复杂的系统带来安全威胁。

第五，因为电子商务是一种全新的商务方式，所以相应的法律规范、安全技术都需要一个逐渐健全和完善的过程，尤其是参与电子商务交易各方及系统管理人员的道德素质的提高更不是一朝一夕的事情，而人的道德素质在电子商务中恰恰是非常重要的。

7.1.2 电子商务安全问题的类型

电子商务的安全问题有多种类型，引起安全问题的原因既有技术方面的因素，也有人为的因素。不同类型的安全问题表现形式不同，预防和解决的方法自然也不相同。按照引发原因的不同，电子商务的安全问题可以简单分为以下几类：

（1）物理安全问题。物理安全主要包括主机硬件和物理线路的安全，影响物理安全的主要因素有火灾及自然灾害、辐射、硬件故障、搭线窃听、盗用、偷窃等。

（2）网络安全问题。主要指由于计算机联网带来的安全问题。网络计算机可以被网上任意一台计算机攻击，大部分互联网软件协议没有进行安全性设计，而且网络服务器经常用超级用户特权来执行，这就会造成诸多的安全问题，如非法授权访问、假冒主机和用户、对信息完整性的攻击、对服务的干扰等。

（3）数据的安全性。电子商务的主要形式就是通过网络进行数据的传输、资金的划拨等。在互联网这样的公用数据传输通道上传递数据，安全性自然成了交易各方最关注的问题，这里包括数据的保密性、数据的完整性和数据的不可否认性等方面的问题。数据的安全性是本章要讨论的主要问题。

（4）交易各方有着不同的安全问题。实际上，在交易过程中电子商务的安全问题涉及电子商务的各个环节和参加交易的各个方面，而且表现不同，因此需要采取不同的对策解决。例如，对于从事电子商务的企业而言，首先要保证网络系统的安全，包括网络的硬件设备和软件系统及数据的安全。要采取措施防范黑客的破坏和病毒的侵袭，并建立完善的监理机制，对可能出现的问题随时予以监督和纠正，还要不断提高网站管理人员的技术和道德素质。另外，也要防止顾客的欺诈，以及某一环节或网络传输的错误给企业带来的损失。对于顾客而言，安全问题潜藏在网上购物的各个阶段，对于不同的安全问题需要采取不同的对策来保护消费者的合法权益。

可见，在交易过程中除交易双方外，电子商务的安全问题还涉及网上银行、认证中心以及法律等方面，安全问题的解决是一个系统工程，是涉及全社会的问题。

7.1.3 电子商务安全的基本要求

电子商务安全是一个复杂的系统问题，在使用电子商务的过程中会涉及以下几个方面的因素：

（1）可靠性。可靠性是指电子商务系统的可靠性，电子商务系统也就是计算机系统，其可靠性是指为防止由于计算机失效、程序错误、传输错误、硬件故障、系统软件错误、计算机病毒和自然灾害等所产生的潜在威胁，而加以控制和预防，以确保系统的安全可靠。保证计算机系统的安全，是保证电子商务系统数据传输、数据存储及电子商务完整性检查的正确和可靠的根基。

（2）真实性。真实性是指商务活动中交易者身份的真实性，即交易双方是确实存在的，不是假冒的。网上交易的双方可能相隔很远，互不了解，要使交易成功，必须互相信任，确认对方是真实的。对商家来说，要考虑顾客是不是骗子，发货后会不会收不回货款；对顾客来说，也要考虑商家是不是黑店，付款后会不会收不到货，或者收到货后质量是否有保证。因此，能否方便而又可靠地确认交易双方身份的真实性，是顺利进行电子商务交易的前提。

（3）机密性。机密性是指交易过程中必须保证信息不会泄露给非授权的人或实体。网络交易，必须保证发送者和接收者之间交换信息的保密性。电子商务作为一种贸易手段，其信息直接代表着个人、企业或国家的商业机密。传统的纸面贸易都是通过邮寄封装的信件，或通过可靠的通信渠道发送商业报文来保守机密的；而电子商务则建立在一个较为开放的网络环境上，商业机密就成为电子商务全面推广应用的重要屏障。因此，要预防非法的信息存取和信息在传输过程中被非法窃取，确保只有合法用户才能看到数据，防止泄密事件。

（4）完整性。完整性是指数据在输入和传输过程中，要求能保证数据的一致性，防止数据被非授权建立、修改和破坏。电子商务的确简化了贸易过程，减少了人为的干预，但同时也带来了需要维护的信息完整与统一问题。由于数据输入时的意外差错或欺诈行为，可能导致贸易各方信息的差异。此外，数据传输过程中发生的信息丢失、信息重复或信息传送的次序差异，也会导致贸易各方信息不相同。信息的完整性将影响到贸易各方的交易和经营策略，保持这种完整性是电子商务应用的基础。因此，要预防对信息的随意生成、修改和删除，同时要防止数据传送过程中丢失和重复信息，并保证信息传送次序的统一。

（5）有效性。电子商务以电子形式取代了纸张，那么保证这种电子形式贸易信息的有效性则是开展电子商务的前提。电子商务作为贸易的一种形式，其信息的有效性将直接关系到个人、企业或国家的经济利益和声誉。一旦签订交易后，这项交易就应受到保护，以防止被篡改或伪造。交易的有效性在其价格、期限及数量作为协议一部分时尤为重要。接收方可以证实所接收的数据是原发送方发出的，而原发送方也可以证实只有指定的接收方才能接收。因此，必须保证贸易数据在确定价格、期限、数量以及确定时间、地点时是有效的。

（6）不可抵赖性。电子商务直接关系到贸易双方的商业交易，如何确定要进行交易的贸易方正是交易方这一问题，则是保证电子商务顺利进行的关键。在传统的纸面贸易中，贸易双方通过交易合同、契约或贸易交易所的书面文件上的手写签名或印章来鉴别贸易伙伴，确定合同、契约、交易所的可靠性，并预防抵赖行为的发生，这也就是人们常说的"白纸黑字"。一旦交易开展后便不可撤销，交易中的任何一方都不得否认其在该交易中的作用。在电子商务方式下，通过手写签名和印章进行双方的鉴别已是不可能的了。例如，有可能出现以下情况：买方向卖方订购某种家用电器，订购时世界市场的价格较低，收到订单时价格上涨了，如果卖方否认收到的订单时间，甚至否认收到订单，那么买方就会受到损失。再比如，买方在网上买了CD，却谎称寄出的订单不是自己的，而是信用卡被盗用，卖方也同样会受到损失。因此，要求在交易信息的传输过程中为参与交易的个人、企业或国家提供可靠的标识，使原发送方在发送数据后不能抵赖，接收方在接收数据后也不能抵赖。

（7）内部网的严密性。企业的内部网一方面有着大量需要保密的信息，另一方面传递着企业内部的大量指令，控制着企业的业务流程。企业内部网一旦被恶意侵入，可能给企业带来极大的混乱与损失。比如，计算机黑客一旦非法闯入某一银行的内部网络，就可以随意修改存款数据、划拨资金等。再如，对一些自动化程度高的企业而言，内部网若被恶意侵入，企业的经营活动就会陷入瘫痪，或出现对企业的销售记录、财务、技术与人事等资料进行销毁或篡改，不订原料或订购大量无用的原料，不按规定的程序生产或生产出大量废品，产品被胡乱送到不需要的地方，资金被划走等问题。因此，保证内部网不被侵入，也是开展电子商务的企业应着重考虑的一个安全问题。

7.1.4 解决电子商务安全问题的策略

由于引起电子商务安全问题的因素很多，所以解决安全问题也应从不同方面着手。这里主要包括技术、法律和管理等方面的应对策略。

1．技术控制

首先，在进行电子商务交易前，要通过各种技术手段（如加密和认证）确定交易双方身份的可靠性。电子商务交易是网上买卖双方的事情，作为买方，希望交易完成后卖方能信守合同，按期提供质量可靠的商品；而作为卖方，则要确认买方有支付能力，能按期如数支付货款。

其次，在交易过程中要确保交易中传递信息的安全保密。交易中需要传递很多的商务信息，如客户的姓名、信用卡的账号、用户的口令和密码以及订货和付款的信息等。如果这些信息很容易被人截获、破译，就有可能被不法之徒盗用。对客户来说，自己的钱袋就可能被别人"共享"；对企业而言，商务机密信息被竞争对手获悉，就可能给竞争对手带来便利而使自己丧失商机；对政府而言，可能由于无法控制这类信息而使税收造成损失。因此，在电子商务的信息传播中更需要安全保密的技术措施。

最后，在通信连接上采用防火墙、代理服务器以及虚拟专用网络（VPN）等技术，保证通信的安全。VPN集合了数字加密验证和授权，在远程用户和公司网络之间建立起一个安全通道，确保数据在互联网、企业广域网（WAN）或者客户网络上传输时不被截取和破解。

2．法律保障

电子商务的安全离不开法律保护，其中涉及两个基本方面：

（1）电子商务交易首先是一种商品交易，其安全问题应当通过相关法律加以保护。要保证电子合同的法律效益，必须有签约双方的共同认可，其中任意一方不能否认或修改合同，最终确保电子合同得以执行。

（2）电子商务交易是通过计算机及网络实现的，其安全与否依赖于计算机及网络自身的安全程度。计算机网络的安全也需要法律的规范和约束。应当充分利用已经公布的有关交易安全和计算机安全的法律法规保护电子商务的正常进行，并在不断的探索中逐步建立适合中国国情的电子商务的法律制度。

3．社会道德规范

电子商务安全问题的最终解决，首先应该依靠法律，其次才是靠道德因素。因为网上交易的双方很可能素昧平生，甚至无法确定对方在什么地方，更谈不上确认对方的身份和信誉。所以可以说，电子商务也是建立在交易各方信任基础上的交易。但在难以建立信任时，能方便而可靠地确认对方身份就成了进行电子商务交易的前提。除了依靠法律和技术来保证交易过程的安全外，人们良好的道德素质应是电子商务健康发展的社会基础。近几年的统计还表明，大约75%～80%的攻击行为来自企业内部人员，因为他们知道企业网的安全策略、企业拥有的信息以及这些信息放在哪里等。因此，网站管理人员的敬业精神和道德素质对电子商务的安全显得尤为重要。

4. 完善的管理政策

企业计算机网络系统复杂化和数据资源的集中管理，都使系统管理工作日益重要。选择什么样的系统平台？管理系统权限如何分配、监督？如何为用户提供安全的一次性登录？怎样既快又好地添加、删改用户？如何才能有效监督系统的安全状况？这一系列问题的解决都需要完善、有效的安全管理策略和制度的保证。

从管理上说，由于电子商务系统是人（管理和操作人员）、机（计算机和网络）一体化的系统，所以应建立严格的管理规章、操作规程、监管机制以及人员的培训和考核制度，不断提高管理人员的道德和业务素质。从技术上讲，由于系统平台及其应用的复杂性，电子商务需要有一个集中、统一的环境来管理安全政策。进行系统安全的统一管理，需要使用一种管理器/代理器的结构。其中代理器是运行于各种平台的软件引擎，不同的平台有不同的引擎，它们完成基本相同的任务，即收集该系统的安全信息传输到管理器上，并根据管理器的指令进行相应的动作。管理器可以运行于多种平台上，它统一收集来自安全引擎和系统的有关信息进行分析汇总，并可以根据管理员的指令，检查及记录安全状况。它可以在单一的平台上完成整个网络系统的资源和用户管理，帮助管理人员和终端使用者提高工作效率、提高系统安全能力。

因此在解决电子商务的安全问题时，技术是不可缺少的工具，法律是必须建立的保障，而人的素质和规范的管理机制是不能忽视的基础，电子商务的安全性是一个社会问题。

7.2 电子商务中的加密技术

在互联网中传输的电子信息都是比特流。在公用信息传输网络上，不加保护的信息很容易被他人接收、复制或更改，使真正的接收者难以区别信息的归属和辨别其真伪。传统交易中是通过签名、印章等识别单证的有效性，而在电子交易中则需要根据数字信号的特征，采用数据加密技术来保证信息的完整性和有效性，并防止非法盗用。目前最有效的方法就是采用数据电子加密的技术和方法。数据加密技术也被称为电子商务安全技术的灵魂。当前在电子商务中采用的加密技术有以下几种。

7.2.1 数据加密算法

数据加密技术就是对信息进行编码和解码的技术。数据编码就是把原来的可读信息（明文）译成不能直接读取的代码形式（密文），该过程的逆过程称为解码。

1. 对称式加密算法（简单加密标准）

简单数据加密标准（DES）由美国国家标准局提出，主要应用于银行中的电子资金转账（EFT）领域，1977年被确定为国家标准。这种方法首先将原始信息（明文）经过加密处理变成密文，在解读时要用同样的密匙及算法解密，所以又称为对称式加密算法。这种加密算法速度非常快，但由于双方使用同样的密匙，就有了发送者或接收者泄露密码的可能，造成使用的不安全。

DES密钥的长度为56位，安全性较差。因此，现在多采用改进的DES算法，如三重DES（DES-EDE）算法，这种方法使用两个独立的64位密钥对数据进行3次加密，从而使密钥长度达到128位。另外，RAS数据安全公司也开发了不同于DES的对称加密算法——RC2和RC4算法，这是可变长度密钥算法，大大增强了数据的安全性。

2. 非对称加密算法（公钥密码系统）

当前最著名、应用最广泛的公钥密码系统（PKC）

是RSA系统，采用了非对称加密体系，它是由Rivest、Shamir和Adlerman三人研究发明的，于1978年进入市场。在该系统中，密钥被分解为公钥（public key）和私钥（private key）。

这种算法的基本原理，是利用两个很大的质数相乘所产生的乘积来加密。这两个质数无论哪一个先与原文件编码相乘对文件加密，均可由另一个质数再相乘来解密，但要用一个质数来求出另一个质数，则是十分困难的。因此，将这一对质数称为密钥对。在加密应用时，由接收方的用户将一个密钥，即公钥公开，让发送信息的人员将信息用其公钥加密后发给接收方用户，而一旦信息加密后，只有用接收方用户一方知道的私钥才能解密。发送方用户可以凭借表明其身份的数字凭证在网上获得该公钥，亦可由发送方用户将公钥传给对方，来保证在互联网上传输信息的保密和安全。如果用来解密的私钥不是和公钥匹配的那把私钥，则解密所得的结果将只会是垃圾文本。此外，使用PKC还可以证明信息的真实性和完整性。

7.2.2 数字摘要

这一加密方法亦称安全散列编码法（SHA），由Ron Rivest设计。该编码法采用单向Hash函数将需加密的明文"摘要"成一串128比特的密文。这一串密文亦称为数字指纹，它有固定的长度，且不同的明文摘要成密文，其结果总是不同的，而同样的明文，其摘要必定一致。这样，这个摘要便可作为验证明文是否是"真身"的"指纹"了。

7.2.3 数字签名

在书面文件上签名是确认文件的一种手段。签名的作用有两点：一是因为自己的签名难以否认，从而确认了文件已签署这一事实；二是因为签名不易仿冒，从而确定了文件是真的这一事实。在进行网上交易时，则可采用数字签名的方法来实现上述两个功能。

数字签名并非用"手书签名"类型的图形标志，它采用了双重加密的方法来实现"签名"的功能。其原理为：

（1）被发送文件用SHA编码加密产生128比特的数字摘要。

（2）发送方用自己的私钥对摘要再加密，这就形成了数字签名。

（3）将原文和加密的摘要同时传给对方。

（4）对方用发送方的公钥对摘要解密，同时对收到的文件用SHA编码加密，产生另外一个摘要。

（5）将解密后的摘要和收到的文件与接收方重新加密产生的摘要相互对比，如两者一致，则说明传送过程中信息没有被破坏或篡改过；否则，就有伪造的嫌疑。

数字签名与书面文件签名有相同之处，采用数字签名也能确认以下两点：

（1）信息是否由签名者发送；

（2）信息自签发后到收到为止是否做过修改。

这样，数字签名就能够用来防止电子信息被修改，或冒用别人名义发送信息，或发出（收到）信件后又加以否认等情况发生。

7.2.4 数字时间戳

交易文件中，时间是十分重要的信息。在书面合同中，文件签署的日期和签名一样是应该防止伪造和篡改的关键性内容。因此在电子交易中，同样需对交易文件的日期和时间信息采取安全措施，而由Bellcore创造的数字时间戳服务（DTS）就能提供电子文件发表时间的安全保护。数字时间戳服务是一种网上安全服务项目，由专门的机构提供。实际上，时间戳是一个经加密后形成的凭证文档，它包括三个部分：须加时间戳的文件的摘要、DTS收到文件的日期和时间、DTS的数字签名。

时间戳产生的过程为：用户首先将需要加时间戳的文件用Hash编码加密形成摘要，然后将该摘要发送到DTS，DTS在加入了收到文件摘要的日期和时间信息后再对该文件加密（数字签名），然后送回用户。注意，书面签署文件的时间是由签署人自己写上的，而数字时间戳则不同，它是由认证单位DTS来加的，以DTS收到文件的时间为依据。

7.2.5 数字证书

数字证书就是在网络通信中标志通信各方身份信息的一系列数据，其作用类似于现实生活中的身份证。它是用电子手段来证实一个用户的身份和对网络资源访问的权限，是由一个权威机构发行的。在网上的电子交易中，人们可以用它来识别对方的身份。如双方出示了各自的数字证书，并用它来进行交易操作，则双方都不必为对方身份的真伪担心。数字证书用于确认计算机信息网络上个人或组织的身份和相应的权限，用以解决网络信息安全问题。随着电子商务的广泛应用，数字证书以及认证机构的重要性日益突出。

1．数字证书的作用

（1）证实在电子商务或信息交换中参加者的身份。

（2）授权交易，如信用卡支付。

（3）授权接入重要信息库，代替口令或其他传统的进入方式。

（4）提供经过互联网发送信息的不可抵赖性的证据。

（5）验证通过互联网交换的信息的完整性。

数字证书是实现电子商务的必备条件，是参与网上电子商务的通行证，它本身的可信任程度就更加重要。数字证书的格式一般采用X.509国际标准。

2．数字证书的类型

（1）个人凭证：它仅仅为某一个用户提供凭证，以帮助其个人在网上进行安全交易操作。个人身份的数字凭证通常安装在客户端的浏览器内，并通过安全的电子邮件来进行交易操作。

（2）企业（服务器）凭证：它通常为网上的某个Web服务器提供凭证，拥有Web服务器的企业就可以用具有凭证的互联网站点来进行安全电子交易。有凭证的Web服务器会自动地将其与客户端Web浏览器通信的信息加密。

（3）软件（开发者）凭证：它通常为互联网中被下载的软件提供凭证，该凭证用于和微软公司Authenticode技术（合法化软件）结合的软件，以使用户在下载软件时能获得所需的信息。

上述三类数字证书中，前两类是常用的凭证，第三类则用于较特殊的场合。大部分认证中心提供前两类凭证，能同时提供三类凭证的认证中心并不多。各种加密手段常常是结合在一起使用的，从而构成安全电子交易的体系。

7.3 认证

在电子交易中为了保证交易的安全性、公正性，身份认证等工作都不是靠交易的双方自己完成的，而是由一个第三方机构来完成，认证中心就是这样一个服务机构。交易中的各种证书是公钥体制的一种密钥管理媒介，无论是数字时间戳服务还是数字证书，都是一种权威性的电子文档，形同网络环境中的身份证，用于证明某一主体（如人、服务器等）的身份以及其公钥的合法性。在使用公钥体制的网络环境中，必须向公钥的使用者证明公钥的真实合法性。因此，在公钥体制环境中，必须有一个可信的机构来对任何一个主体的公钥进行公证，证明主体的身份以及他与公钥的匹配关系，认证中心正是这样的机构。作为电子商务的神经中枢，认证中心是保证电子商务安全交易的一个不可缺少和无法替代的环节。

7.3.1　什么是认证中心

认证中心（CA）是电子商务中的一个核心环节，是在电子交易中承担网上安全电子交易认证服务、签发数字证书、确认用户身份等工作的具有权威性和公正性的第三方服务机构，它是实现网上交易和网上支付的重要安全保障。

7.3.2　认证中心的基本功能

认证中心的主要任务是受理数字证书的申请、签发及对数字证书的管理。认证中心依据认证操作规定来实施服务操作。通过运用对称和非对称密码体制等密码技术，建立起一套严密的身份认证系统，从而保证信息除发送方和接收方外不被其他人窃取，信息在传输过程中不被篡改，发送方能够通过数字证书来确认接收方的身份，发送方对于自己发送的信息不能抵赖。认证中心主要有以下五项基本功能：

（1）证书的颁发。认证中心接收、验证用户（包括下级认证中心和最终用户）的数字证书的申请，将申请的内容进行备案，并根据申请的内容确定是否受理该数字证书申请。如果认证中心接受该数字证书申请，则进一步确定给用户颁发何种类型的证书。新证书用认证中心的私钥签名以后，发送到目录服务器供用户下载和查询。为了保证消息的准确性、完整性，返回给用户的所有应答信息都要使用认证中心的签名。

（2）证书的更新。认证中心可以定期更新所有用户的证书，或者根据用户的请求来更新用户的证书，以保证认证中心保留最新、有效的证书信息。

（3）证书的查询。证书的查询可以分为两类，一类是证书申请的查询，认证中心根据用户的查询请求返回当前用户证书申请的处理过程；另一类是用户证书的查询，这类查询由目录服务器来完成，目录服务器根据用户的请求返回适当的证书信息。

（4）证书的作废。当用户因私钥泄密等原因而认为必须注销用户证书时，须向认证中心提出证书作废请求，认证中心根据用户的请求确定是否将该证书作废。另外一种证书作废的情况是，证书已经过了有效期，认证中心自动将该证书作废。认证中心通过维护证书作废列表（CRL）来完成上述功能。

（5）证书的归档。证书具有一定的有效期，证书过了有效期之后就将被作废，但是不能将作废的证书简单地丢弃，因为有时客户可能因需要验证以前的某个交易过程中产生的数字签名而要求查询作废的证书，所以认证中心还应当具备管理作废证书和作废私钥的功能。

7.3.3 认证中心的基本构架

数字证书的可信程度是建立在认证中心的可靠、安全和服务质量基础之上的，有赖于认证中心的构成情况和具备的条件。一个认证中心必须由技术方案、基础设施和运作管理这三个基本部分组成。

1. 技术方案

认证中心所采用的技术方案是建立认证中心的基础，正确的技术方案可使数字证书可靠和容易使用，并容易被普遍接受。加密技术是数字证书的核心，所采用的加密技术应考虑先进性、业界标准和普遍性。目前，较流行的是RSA数据安全加密技术，用1024位的加密算法。为保证加密体系和数字证书的互操作性，广泛采用公钥加密系统和X.509标准。

数字证书必须根据持有证书的组织或个人情况的变化及时更新或作废，实行全过程的管理。此外，认证中心还应具备证书目录查询、提供证书时间戳和证书管理情况的定期报告等功能。

为使数字证书在广泛应用领域内实现可互操作，数字证书需要与主要的互联网安全协议兼容，以支持应用环境，成为安全协议中所嵌入的数字证书。这些协议有安全电子交易协议（SET）、安全多用途互联网邮件扩展协议（S-MIME）和安全套层协议（SSL）等。

2．基础设施

基础设施是指认证中心的安全设施、信息处理和网络的可靠性措施，以及为客户服务的呼叫中心等。一个有长远规划的认证中心，必须在基础设施方面进行周密的考虑和必要的投资。基础设施对于提高客户信任度、吸引潜在的客户、开展电子商务来说都是必需的。

电子商务安全技术安全设施用来保护认证中心的财富——计算机通信系统、证书签字单元、认证机构用于对每份证书进行数字签字的唯一私人密钥和客户的信息。为使认证中心处于安全的环境，并使消费者相信他们的数字信息处于最高水平的保护之下，安全设施应设有多个关卡，进入认证中心的人员必须通过这些关卡。这些关卡应有警卫人员24小时值班，还应有视频监视器、防护围栏和具有双向进入控制的安全系统来加强认证中心的安全程度。

更为重要的是，只有可信任的、经过审查的认证中心人员才能接触和操作认证中心的设施。认证中心技术装备应是高可用性的，计算机系统、通信网络和呼叫中心必须是坚固的，使客户的需求随时得到满足。通信、数据处理和电源系统应通过备份系统来加以保证。网络安全应包括最新防火墙技术、通向最终用户的安全加密线路、IP欺骗检测、可靠的安全协议和专家指挥系统。呼叫中心提供由专家支持的客户服务，并在任何时间都可以通过在线服务终端进行查询。

3．运作管理

运作管理是认证中心发挥认证功能的核心。运作管理包括数字认证的有关政策、认证过程的控制、责任的承担和对认证中心本身的定期检查。认证政策为数字认证过程建立行为准则，是认证中心的对外宣言，应包括在认证中心开始运作时对外公布的文件里。

认证政策应在数字认证过程中，随着技术的进步和应用的发展适时地进行调整。认证过程控制是认证政策的实施。

认证机构必须有公正、周密的运作控制来管理数字认证过程。认证标准控制是重要的，它是认证一致性的保障。

认证中心的工作人员必须是经过训练的专业人员，并且必须经过安全部门的检查。认证机构应尽量使用数字证书的工业标准，比如由WWW协会、国际工程任务组等国际标准组织推荐的标准。

承担责任是一种需要，它帮助消费者确信他们的数字财富受到了严密的保护。如果因为某种原因，在认证机构保护下的消费者密钥丢失了，认证机构必须处理此事并承担责任。必须有责任保险，以确保消费者的利益。

检查是一种重要手段，包括定期自我检查和接受第三方检查，它体现了认证中心对客户负责的精神。

7.3.4 认证中心的安全

认证中心是为电子商务的安全而建立的，因而其安全自然就成了电子商务安全的核心和基础。因此，虽然在认证中心的基础设施中强调了安全设施问题，关于认证中心的安全问题还要再一次强调。认证中心以其公正、权威、可信赖的地位，获得证书使用者的信赖。安全、可信是认证中心在电子商务体系中存在的基石，但认证系统及认证过程的复杂性和运行的不可间断性等特点，对认证中心的安全提出了严峻的挑战。一个真正让使用者放心的认证中心必须建立一套良好的安全体系。在这套安全体系中，一般应包括物理与环境安全、网络安全、应用系统与数据安全、系统连续性管理、操作人员与日常操作管理等几部分。在认证中心的安全体系中，最重要的是应用系统与数据的安全，主要有三类：

（1）各个层次认证私钥及其附属系统信息的安全。

（2）注册审核系统的安全。

（3）用户私钥及证书服务的安全。

7.4 防火墙

在捍卫网络安全的过程中，防火墙受到越来越多的重视。作为不同网络或网络安全域之间信息的出入口，防火墙采用将内部网和公众网分开的方法，根据企业的安全策略控制出入网络的信息流。作为网络安全体系的基础和核心控制设备，防火墙对通过受控网络通信主干线的所有通信行为进行安全处理，如控制、审计、报警、反应等，同时也承担着繁重的通信任务，自身还要面对各种安全威胁。因此，选用一个安全、稳定、可靠的防火墙产品，其重要性不言而喻。

7.4.1 防火墙的定义

防火墙是指设置在不同网络（如可信任的企业内部网和不可信任的公共网）或网络安全域之间的一系列部件的组合，是设置在被保护网络和外部网络之间的一道屏障，以防止发生不可预测的、潜在破坏性的侵入。

那么，防火墙是怎么工作的呢？

所有的互联网通信都是通过独立数据包的交换来完成的，每个包由源主机向目的主机传输。包是互联网上信息传输的基本单位，通常所说计算机之间的

135

"连接"，实际上是由被"连接"的两台计算机之间传送的独立数据包组成的。计算机"同意"相互之间的"连接"后，向发送者发出"应答包"，让发送者知道数据被接收。为了到达目的地，不论两台计算机近在咫尺还是相隔天涯，每个数据包都必须包含目标主机的IP地址、目标主机端口号、源主机的IP地址及源主机端口号。也就是说，每一个在互联网上传送的包，都必须含有源地址和目标地址。一个IP地址总是指向互联网上的一台单独机器，而端口号则和机器上的某种服务或会话相关联。

　　防火墙的任务就是检查每个到达你的计算机的数据包，因此在这个包被你计算机上运行的任何软件看到之前，防火墙有完全的否决权，可以禁止你的计算机接收互联网上的任何东西。当第一个请求建立连接的包被你的计算机回应后，一个TCP/IP端口就被打开。如果到达的包不被受理，这个端口就会迅速地从互联网上消失。而没有端口号，任何其他的计算机都无法和你的计算机相连。

　　当然，防火墙的真正力量在于选择哪些包该拦截、哪些包该放行。既然每个到达的包都含有正确的发送者的IP地址（以便接收者发送回应包），那么，根据源主机IP地址及端口号和目标主机IP地址及端口号的一些组合，防火墙可以"过滤"掉一些到达的包。

例如，你正在运行Web服务器，允许远程主机在80端口（http）和你的计算机连接，防火墙就可以检查每个到达的包，并只允许由80端口开始的连接。新的连接将会在所有的其他端口上被拒绝，即使你的计算机不小心被装入了"特洛伊木马"程序，禁止"特洛伊木马"通行的扫描也可以检测到"特洛伊木马"的存在。这样，所有联络系统内"特洛伊木马"程序的企图都会被防火墙拦截，从而保护你的计算机信息不会被泄露。

也许你希望在互联网上建立一条"安全隧道"，以便你家里的计算机和办公室的计算机可以共享文件而不受外来的侵入，防火墙就可以很容易地做到这一点。你可以在办公室的计算机上安装防火墙并设定只允许来自你家的计算机的IP地址可以连接Net BIOS文件共享端口137～139。类似地，在家庭计算机的防火墙上可以设定只允许来自你办公室计算机的IP地址的连接，使用137～139端口。这样，两台机器都可以看到对方的Net BIOS端口，而互联网上的其他人都看不见这两台机器之间建立了一条"安全隧道"。

绝大部分的防火墙都能满足上述的要求，这的确提供了很好的保护，但它们不会尝试去理解所放行或拦截的包里面的数据，它们的放行和拦截的依据都是源IP地址和目标IP地址。有些高性能的防火墙还具有"应用程序级"的过滤和反应功能。一个"应用程序级"的防火墙会进入到对话实际发生的地方。例如，微软文件和打印机共享的一个大问题是对密码缺乏保护，黑客可以不断重试，直到破译为止。但一个智能型的"应用程序级"防火墙可以显示139端口（保护密码的地方）正发生什么，并进而完全拦截那台远程主机。它可以自动将其源地址加入"黑名单"，以制止这位外来者现在和将来的任何访问。

总之，防火墙是不同网络或网络内部安全域之间信息的唯一出入口，能根据企业的安全政策控制（允许、拒绝、监测）出入网络的信息流，且本身具有较强的抗攻击能力。它可以实现：

（1）限制人们从一个特别的控制点进入。

（2）防止侵入者接近你的其他设施。

（3）限定人们从一个特别的点离开。

（4）有效地阻止破坏者对你的计算机系统进行破坏。

防火墙对于一个要保护的网络来说，是提供信息安全服务，实现网络和信息安全的基础设施。它可以通过监测、限制、更改跨越防火墙的数据流，尽可能地对外部屏蔽网络内部的信息、结构和运行状况。

7.4.2 防火墙的功能特点

1．防火墙的优点

从防火墙的工作过程，可以看出它有以下优点：

（1）防火墙能强化安全策略。因为互联网上每天都有上百万人在那里收集信息、交换信息，不可避免地会出现个别品德不良的人或违反规则的人。防火墙是为了防止不良现象发生的"交通警察"，它执行站点的安全策略，仅仅容许"认可的"和符合规则的请求通过。

（2）防火墙能有效地记录互联网上的活动。因为所有进出信息都必须通过防火墙，所以防火墙非常适合收集关于系统和网络使用及误用的信息。作为访问的唯一通道，防火墙能在被保护的网络和外部网络之间进行记录。

（3）防火墙限制暴露用户点。防火墙能够用来隔开网络中一个网段与另一个网段，以防止影响一个网段的问题通过整个网络传播。

（4）防火墙是一个安全策略的检查站。所有进出的信息都必须通过防火墙，防火墙便成为安全问题的检查点，将可疑的访问拒之门外。

2．防火墙的缺点

防火墙作为网络安全的一种防护手段得到了广泛

的应用，它可以解决很多网络安全问题，对网络起到了一定的防护作用。但防火墙并非绝对安全，对于有些攻击，它也无法防范。

（1）不能防范恶意的知情者。防火墙不能防止网络内部的知情者所造成的安全泄密。事实上，有70%以上的网络安全问题是由于网络内部的知情人的操作失误或有意破坏造成的。尽管一个工业间谍可以通过防火墙传送信息，但他更有可能利用电话、传真机或U盘来传送信息。U盘远比防火墙更有可能成为泄露你机构秘密的媒介，防火墙同样不能保护你避免愚蠢行为的发生，比如通过电话泄露敏感信息。如果攻击者能找到内部的一个"对他有帮助"的雇员，通过欺骗他而取得合法的账户进入内部网络，那么，攻击者可能会完全绕过防火墙打入你的网络。对于来自知情者的威胁，只能要求加强内部管理，如注意主机安全和对用户进行教育等。

（2）不能防范不通过它的连接。防火墙能够有效地阻挡通过它进行传输的信息，然而不能阻挡不通过它而传输的信息；也就是说，防火墙不能防范不经过防火墙的攻击。许多接入到互联网的企业对通过接入路线造成公司专用数据泄露非常担心，但企业管理层对应当如何保护自己网络的安全没有连贯的政策。当你住在一所木屋中，却安装了一扇两米厚的钢门，会被认为很愚蠢的。对于网络也是一样，有许多机构购买了价格昂贵的防火墙，但却忽视了通往其网络中的其他几扇后门。要使防火墙发挥作用，就必须使防火墙成为整个机构安全架构中不可分割的一部分。防火墙的策略必须现实，能够反映整个网络安全的水平。例如，一个保存着超级机密或保密数据的站点根本不需要防火墙，因为它根本不应当被接入到互联网上，或者保存着真正秘密数据的系统应当与该企业的其余网络隔离开。

（3）不能防范数据驱动型的攻击。数据驱动型的攻击，从表面上看是无害的数据被邮寄或拷贝到互联网主机上，但是一旦执行就开始攻击。例如，一个数据型攻击可能导致主机修改与安全相关的文件，使得入侵者很容易获得对系统的访问权。后面我们将会看到，在堡垒主机上部署代理服务器是禁止从外部直接产生网络连接的最佳方式，并能减少数据驱动型攻击的威胁。总之，防火墙不能防止数据驱动的攻击，即不能防止将某种东西邮寄或拷贝到内部主机，然后再在内部主机中运行的攻击。

（4）不能防范病毒。防火墙不能有效地防范像病毒这类东西的入侵。在网络上传输二进制文件的编码方式太多了，并且有太多不同的结构和病毒，因此不可能查找所有的病毒。换句话说，防火墙不可能将安全意识交给用户一方，所以不要试图将病毒挡在防火墙之外，而是应保证每个脆弱的桌面系统都安装有病毒扫描软件，只要一引导计算机就对病毒进行扫描。利用病毒扫描软件防护你的网络，将可以防止通过U盘、调制解调器和互联网传播的病毒的攻击。试图将病毒阻拦在防火墙之外，只能防止来自互联网的病毒，而绝大多数病毒是通过其他途径传染的。

7.4.3 防火墙的基本种类

防火墙技术可根据防范的方式和侧重点的不同而分为很多种类型，但大体上可以划分为两类：一类基于包过滤，另一类基于代理服务。二者的区别在于：基于包过滤的防火墙通常直接转发报文，它对用户完全透明，速度较快；而通过代理服务器建立连接的防火墙，可以有更强的身份验证和日志功能。

7.4.3.1 包过滤防火墙

包过滤防火墙是最简单的防火墙，一般在路由器上实现。包过滤防火墙通常只包括对源和目标IP地址及端口的检查。它利用数据包的头信息（源IP地址、封装协议、端口号等）判定与过滤规则匹配与否，以决定取舍。

建立这类防火墙需按如下步骤去做：建立安全策略，即写出所允许和禁止的任务；将安全策略转化为数据包分组字段的逻辑表达式；用相应的句法重写逻辑表达式并设置之。

1. 包过滤防火墙的分类

包过滤防火墙的安全性是基于对包的IP地址的校验。包过滤防火墙将所有通过的数据包中发送方的IP地址、接收方的IP地址、TCP端口、TCP链路状态等信息读出，并按照预先设定的过滤原则过滤数据包。那些不符合规定的IP地址的数据包会被防火墙过滤掉，以保证网络系统的安全。包过滤防火墙可以分为静态包过滤防火墙和动态包过滤防火墙两种。

（1）静态包过滤。这种类型的防火墙根据定义好的过滤规则审查每个数据包，以便确定其是否与某一条包过滤规则匹配，过滤规则是基于数据包的报头信息进行制定的。报头信息中包括IP源地址、IP目标地址、传输协议（TCP、UDP、ICMP等）、TCP/UDP目标端口、ICMP消息类型等。静态包过滤类型的防火墙要遵循的一条基本原则是"最小授权原则"，即明确允许网络管理员希望通过的数据包通过，但禁止其他的数据包通过。

（2）动态包过滤。这种类型的防火墙采用动态设置包过滤规则的方法，现在又发展成为所谓包状态监测技术。采用这种技术的防火墙对通过其建立的每一个连接都进行跟踪，并且根据需要可动态地在过滤规则中增加或更新条目。

2．包过滤防火墙过滤规则

包过滤防火墙主要是防止外来攻击，或是限制内部用户访问某些外部的资源。如果是防止外部攻击，针对典型攻击的过滤规则大体有以下几类：

（1）对付源IP地址欺骗式攻击。对入侵者假冒内部主机，从外部传输一个源IP地址为内部网络IP地址的数据包的这类攻击，防火墙只需把来自外部端口的使用内部源地址的数据包统统丢弃。

（2）对付源路由攻击。源站点指定了数据包在互联网中的传递路线，以躲过安全检查，使数据包循着一条特定的路径到达目的地。对付这类攻击，防火墙应丢弃所有包含源路由选项的数据包。

（3）对付残片攻击。入侵者使用TCP/IP数据包的分段特性，创建极小的分段并强行将TCP/IP头信息分成多个数据包，以绕过用户防火墙的过滤规则。黑客期望防火墙只检查第一个分段而允许其余的分段通过。对付这类攻击，防火墙只需将TCP/IP协议片断位移值为1的数据包全部丢弃即可。

3．包过滤防火墙的特点

包过滤防火墙的最大优点就是它对于用户来说是

透明的，也就是说不需要用户名和密码来登录。这种防火墙速度快而且易于维护，通常作为第一道防线。包过滤防火墙的弊端也是很明显的，通常它没有用户的使用记录，这样我们就不能从访问记录中发现黑客的攻击记录。另外，包过滤防火墙需从建立安全策略和过滤规则集入手，需要花费大量的时间和人力，还要不断根据新情况更新过滤规则集。同时，规则集很复杂，又没有测试工具来检验其正确性，这些都是不方便的地方。对于采用动态分配端口的服务，如很多RPC（远程过程调用）服务相关联的服务器，在系统启动时随机分配端口，包过滤防火墙很难进行有效的过滤。

7.4.3.2 代理型防火墙

1. 代理型防火墙的定义

代理型防火墙也叫应用层网关防火墙，其核心技术是代理服务器技术，并以此参与一个TCP连接的全过程。当代理服务器得到一个客户的连接请求时，它将核实客户请求，检查验证其合法性。如其合法，经过特定的安全化的代理应用程序处理连接请求，并将处理后的请求传递到目的服务器上，然后等待服务器应答，像一台客户机一样取回所需的信息，作进一步处理后，将答复交给发出请求的最终客户。

代理型防火墙将内部系统与外界隔离开来，从外面只能看到代理型防火墙而看不到任何内部资源；从内部发出的数据包经过这样的防火墙处理后，就好像是源于防火墙外部网卡一样，从而可以达到隐藏内部网结构的作用。代理型防火墙只允许有代理的服务通过，而其他所有服务都完全被封锁住。这一点对系统安全是很重要的，只有那些被认为"可信赖的"服务才允许通过防火墙。

另外，代理服务还可以过滤协议，如可以过滤FTP连接、拒绝使用FTP put（放置）命令，以保证用户不能将文件写到匿名服务器。代理服务具有信息隐蔽、保证有效的认证和登录、简化过滤规则等优点。网络地址转换服务（network address translation，NAT）可以屏蔽内部网络的IP地址，使网络结构对外部来说是不可见的。

代理型防火墙非常适合那些根本就不希望外部用户访问企业内部的网络，同时也不希望内部的用户无限制地使用或滥用互联网的场合。采用代理型防火墙，可以把企业的内部网络隐蔽起来，内部的用户必须验证和授权之后才可以去访问互联网。代理服务器在外部网络向内部网络申请服务时发挥了中间转接的作用，被网络安全专家和媒体公认为是最安全的防火墙。代理型防火墙包含两大类：一类是电路级网关，另一类是应用级网关。

2．电路级网关

电路级网关又称线路级网关，它工作在会话层。电路级网关在两主机首次建立TCP连接时创立一个电子屏障。它作为服务器接收外来请求，转发请求；与被保护的主机连接时则担当客户机角色，起代理服务的作用。它监视两主机建立连接时的握手信息，如SYN（同步信号）、ACK（应答信号）和序列数据等是否合乎逻辑，判定该会话请求是否合法。一旦会话连接有效后，网关仅复制、传递数据，而不进行过滤。电路级网关中特殊的客户程序只在初次连接时进行安全协商控制，其后就透明了。只有懂得如何与该电路级网关通信的客户机，才能到达防火墙另一边的服务器。

电路级网关常用于向外连接，这时网络管理员对其内部用户是信任的。电路级网关的优点是堡垒主机可以被设置成混合网关。对于进入的连接使用应用级网关或代理服务器，而对于出去的连接使用电路级网关，这样使得防火墙既能方便内部用户，又能保证内部网络免于外部的攻击。

总的来说，电路级网关的防火墙的安全性比较高，但它仍不能检查应用层的数据包以消除应用层攻击的威胁。

3．应用级网关

应用级网关使得网络管理员能够实现比包过滤防

火墙更严格的安全策略。它不用依赖包过滤工具来管理互联网服务在防火墙系统中的进出，而是采用为每种所需服务在网关上安装特殊代码（代理服务）的方式来管理互联网服务。如果网络管理员没有为某种应用安装代理编码，那么该项服务就不支持且不能通过防火墙系统来转发。同时，代理编码可以配置成只支持网络管理员认为必需的部分功能，如Telnet 代理负责Telnet在防火墙上的转发、Http proxy负责WWW、Proxy负责卸载等，管理员根据自己的需要安装相应的代理。每个代理相互无关，即使某个代理工作发生问题，只需将它卸载，不会影响其他的代理模块，同时也保证了防火墙的失效安全。

与包过滤防火墙（它允许数据包在内部系统和外部系统之间直接流入和流出）不同，应用级网关允许信息在系统之间流动，但不允许直接交换数据包。一个应用级网关常常被称为"堡垒主机"，因为它是一个专门的系统，有特殊的装备，并能抵御攻击。以下几点是专门为堡垒主机提供安全性而设计的：

（1）堡垒主机的硬件执行一个安全版本的操作系统。所谓操作系统的安全版本，是指对该操作系统进行了特殊的设计，修补了已知的漏洞，加固了操作系统的脆弱点，保证防火墙的完整性。

（2）只有网络管理员认为必需的服务才能安装在

堡垒主机上。原因是如果一个服务没有安装，它就不能受到攻击。一般来说，在堡垒主机上只安装有限的代理服务，如Telnet、DNS、FTP、SMTP以及用户认证等。

（3）用户在访问代理服务之前，堡垒主机可能要求附加认证。例如，堡垒主机是一个安装严格认证的理想位置。在这里，智能卡认证机制产生一个唯一的访问代码。另外，每种代理可能在授予用户访问权之前进行自己的授权。

（4）对代理进行配置，使得其只支持标准应用的命令集合的子集。如果代理应用不支持标准的命令，那么很简单，被认证的用户就没有使用该命令的权限。

（5）对代理进行配置，使其只允许访问特定的主机。这表明，有限的命令/功能只能适用于内部网络上有限数量的主机。

（6）每个代理都通过登记所有的信息、每一次连接以及每次连接的持续时间来维持一个详细的审计信息。审计记录是发现和终止入侵者攻击的一个基本工具。

（7）每个代理都是一个简短的程序，专门为网络安全目的而设计，因此可以对代理应用的源程序代码进行检查，以确定其是否有纰漏和安全漏洞。比如说，典型的Unix邮件应用程序可能包括20 000行代码，而邮件代理只有不到1000行的程序。

（8）在堡垒主机上，每个代理都与所有其他代理无关。如果任何代理的工作产生问题，或在将来发现脆弱性，只需简单地卸载该代理服务，不会影响其他代理的工作，并且如果一些用户要求支持新的应用，网络管理员可以轻而易举地在堡垒主机上安装所需应用。

（9）代理除了读取初始化配置文件之外，一般不进行磁盘操作。这使得入侵者很难在堡垒主机上安装"特洛伊木马"程序或其他的危险文件。

（10）每个代理在堡垒主机上都以非特权用户的身份运行在其自己的安全目录中。

部署应用级网关有许多优点。应用级网关能够让网络管理员对服务进行全面的控制，因为代理应用限制了命令集，并决定哪些内部主机可以被该服务访问。同时，网络管理员可以完全控制提供哪些服务，因为没有特定服务的代理就表示不提供该服务。应用级网关有能力支持可靠的用户认证，并提供详细的注册信息。另外，用于应用层的过滤规则相对于包过滤防火墙来说更容易配置和测试。

应用级网关的最大缺点是要求用户改变自己的行为，或者在访问代理服务的每个系统上安装特殊的软件。比如，透过应用级网关Telnet访问要求用户通过两步而不是一步来建立连接。不过，特殊的端系统软件可以让用户在Telnet命令中指定目标主机而不是应用级网关来使应用级网关透明。另外，为每种所需服务在网关上安装特殊代码（代理服务）会增加费用，并降低提供给用户的服务水平，而且缺少透明性也会导致缺少友好性。

4．代理型防火墙的特点

无论是电路级网关还是应用级网关，都具有登记、日记、统计和报告功能，有很好的审计功能，还有严格的用户认证功能。先进的认证措施，如RADIUS（远程拨号用户认证服务）验证授权服务器、智能卡、认证令牌、生物统计学和基于软件的工具已被用来克服传统口令的弱点。尽管认证技术各不相同，但它们产生认证信息不能让通过非法监视连接的攻击者重新使用。在目前黑客智能程度越来越高的情况下，一个可访问互联网的防火墙，如果不使用先进的认证装置或者不包含使用先进验证装置，几乎是没有意义的。当今使用的一些比较流行的先进认证装置称为一次性口令系统。例如，智能卡或认证令牌产生一个主系统可以用来取代传统口令的响应信号，由于智能卡或认证令牌是与主系统上的软件或硬件协同工作的，因此所产生的响应对每次注册都是独一无二的，其结果是产生一种一次性口令。这种口令即使被入侵者获得，也不可能被入侵者重新使用来获得某一账户，因而非常有效地保护了企业内部网络。

7.4.4 防火墙产品的选择

防火墙产品有千百种，如何选择最符合需要的产品，是必须保护自己内部网络的企事业单位最关心的事。

（1）防火墙自身是否安全。防火墙安全性主要体现在设计和管理两个方面。设计的安全性关键在于操作系统，只有具有完整信任关系的操作系统才可以谈论系统的安全性。而应用系统的安全是以操作系统的安全为基础的，同时防火墙自身的安全实现也直接影响整体系统的安全性。

（2）系统是否稳定。就一个成熟的产品来说，系统的稳定性是最基本的要求。一般应通过国家权威的测评认证机构，如公安部计算机安全产品检测中心和中国国家信息安全测评认证中心的认证。

（3）是否高效。高性能是防火墙的一个重要指标，它直接体现了防火墙的可用性，也体现了用户使用防火墙所需付出的安全代价。如果因使用防火墙而较大幅度地降低了网络的性能，就意味着安全代价过高，用户是无法接受的。

（4）是否可靠。可靠性对防火墙类访问控制设备来说尤为重要，它直接影响受控网络的可用性。从系统设计上，提高可靠性的措施一般是提高本身部件的强健性、增大设计阈值和增加冗余部件，这要求有较高的生产标准和设计冗余度，如使用工业标准、电源热备份、系统热备份等。

（5）功能是否灵活。为了对通信行为进行有效的控制，要求有一系列不同级别的防火墙设备以满足不同用户的各类安全需求，包括控制的有效性、多样性、级别目标的清晰性、制定的难易性和经济性等。例如，对普通用户，只要对IP地址进行过滤即可；如果内部有不同安全级别的子网，有时则必须允许高级别子网对低级别子网进行单向访问；如果还有移动用户，如出差人员，还要求能根据用户身份进行过滤。

（6）配置是否方便。在网络入口和出口处安装新的网络设备是每个网管员的噩梦，因为这意味着必须修改几乎全部现有设备的配置，还得面对由于运行不稳定而遭致的铺天盖地的责难。其实有时并不是设备有问题，而是网络经过长期运行后，内部情况极端复杂，做任何改动都需要一段整合期。比较简洁的安装方法就是支持透明通信的防火墙。它依旧接在网络的入口和出口处，但是在安装时不必对原网络配置作任何改动，所做的工作只相当于接一网桥或集线器。需要时，两端一连线就可以工作；不需要时，将网线恢复原状即可。目前大多数防火墙只能工作于透明方式或网关方式，只有极少数防火墙可以工作于混合模式，即可以同时作为网关和网桥，后一种防火墙在使用时显然具有更大的方便性。

（7）是否可以抵抗拒绝服务攻击。在当前的网络攻击中，拒绝服务攻击出现的频率最高。拒绝服务攻击可以分为以下两类：一类是操作系统或应用软件本身设计或编程上的缺陷所造成的，由此带来的攻击种类很多，只有通过打补丁的办法来解决；另一类是TCP/IP协议本身的缺陷造成的，虽然只有几种，但危害性非常大。

（8）是否具有可扩展、可升级性。用户的网络不是一成不变的，现在可能主要是在公司内部网和外部网之间做过滤。随着业务的发展，公司内部可能具有不同安全级别的子网，因而需要在这些子网之间做过滤。和防病毒产品类似，随着网络技术的发展和黑客攻击手段的变化，防火墙也必须不断地进行升级，此时支持软件升级就很重要了。如果不支持软件升级，为了抵御新的攻击手段，用户就必须更换硬件，而在更换期间网络是不设防的。此外，更换硬件也会导致费用的增加。

【复习思考题】

❶电子商务安全策略主要体现在哪几个方面？

❷引起电子商务安全问题的因素有哪些？

❸电子商务的安全问题可以分为哪几类？

❹本章介绍的电子商务中采用的加密技术有哪几种？

❺什么是认证中心？认证中心有哪五种基本功能？

❻什么是防火墙？防火墙产品的选择一般要考虑哪几个
方面？

第8章
电子商务物流技术

《 学习目标

· 掌握电子商务物流的定义、特点

· 熟悉电子商务物流业务的内容

· 了解供应链与供应链管理的定义、供应链管理
的方法、国际物流的概念、国际贸易业务

· 了解现代物流的重要性

· 掌握物流的基本理论以及电子商务与物流的关系

· 从系统的角度来认识物流以及物流运作

· 能通过物流理论的学习来分析电子商务运作中
物流的解决办法

《 内容概述

　　本章主要讲授物流的概念、特点、分类、作用以
及物流相关要素，物流配送以及配送中心、现代物流
模式、物流系统、物流技术、物流与电子商务的关

系。本章的重点为物流概念、第三方物流、物流技术以及物流与电子商务的关系。本章的难点为对物流在电子商务中的作用以及电子商务对物流作用的充分全面的认识。

随着电子商务的进一步推广和应用，曾经制约电子商务发展的网上支付、网络安全问题已经逐步得到解决，然而物流配送问题对电子商务活动的制约作用日益显著，特别是在物流体系尚不健全的中国，物流配送问题已成为影响电子商务发展的"瓶颈"。一个完整的电子商务组成包括信息流、商流、资金流和物流，物流是电子商务的重要组成部分，是信息流、商流、资金流最终得以实现的保证。物流的传递速度如果不能与信息流、商流、资金流的传递速度相适应，那么电子商务的优势则无法体现。因此，加强物流管理现代化建设，使其适应电子商务的要求，将直接推动和保证电子商务的健康蓬勃发展。

8.1　物流概述

8.1.1　物流概念的产生

最早的"物流（Physical Distribution）"概念出现

于美国，1915年，阿奇·萧在《市场流通中的若干问题》一书中就提到"物流"一词，并指出"物流是与创造需求不同的一个问题"。在20世纪初，西方一些国家已出现了生产大量过剩、需求严重不足的经济危机，企业因此提出了销售和物流的问题，此时的物流指的是销售过程中的物流。

第二次世界大战中，围绕战争供应，美国军队建立了"后勤"保障理论，并将其用于战争活动中。其中所提出的"后勤"是指将战时物资生产、采购、运输、配给等活动作为一个整体进行统一布置，以求战略物资补给的费用更低、速度更快、服务更好。后来"后勤"一词在企业中广泛应用，又有商业后勤、流通后勤的提法，这时的后勤包含了生产过程和流通过程的物流，因而是一个包含范围更广泛的物流概念。

综上所述，物流概念从1915年提出起，经过70多年的时间才演变成现在所说的物流概念。现在欧美国家所谓的物流包含生产领域的原材料采购、生产过程中的物料搬运与厂内物流和流通过程中物流或销售物流，可见物流的外延更为广泛。

8.1.2 物流的概念

简单地讲，物流就是物的流动。这里的"物"指的是实物资料，"流"指的是实物资料在空间的移动。例如，商品在两地之间的运输、货物在仓库的储存、原材料在工厂内的装卸搬运、对商品的包装、垃圾的运送、将整鸡分切成不同部位并送到超市、天然气的管道输送等，这些都是物流。物流是一门交叉学科或边缘学科，与以下学科都有关联：城市规划、生产运作管理、运筹学、国际贸易、机械工程、建筑学、管理学、系统工程、会计学、价格学、统计学等。

对于物流的概念，各国的说法不同，下面是两个比较典型的物流概念。

日本行政管理厅统计审议会：物的流通是与商品的物理性流动相关联的经济活动，包括物资流通和情报流通。物资流通由运输、保管、装卸搬运、包装、流通加工，以及运输基础设施活动组成。

英国约翰·盖特纳：物流是通过市场机制和销售渠道，战略性地管理原材料、零部件、产成品的采购运输和储存及相关的信息流，以提高成本效益，实现利润最大化的过程。

目前，比较广泛认同的对物流的理解，认为物流是商品流通的一个方面，泛指物质资料实体在进行社会再生产过程中在空间的有目的的流动过程。我国2001年7月开始实行的《物流术语国家标准》中，对物流作了如下定义：物流是指物品从供应地向接收地的实物流动过程。根据实际需要，将运输、储存、装卸、搬运、包装、流通加工、配送、信息处理等基本功能有机结合。

在物流概念传入我国之前，我国实际上一直存在着物流活动，即运输、保管、包装、装卸、流通加工等物流活动，其中主要是存储即储运活动。国外物流业基本上就是我国的储运业，但两者并不完全相同，主要差别在于：

（1）物流比储运所包含的内容更广泛。一般认为物流包括运输、保管、包装、装卸、流通加工及相关信息活动，而储运仅指储存和运输两个环节，虽然其中也涉及包装、装卸、流通加工及信息活动，但这些活动并不包含在储运概念之中。

（2）物流强调储运活动的系统化，从而达到整个物流活动的整体化；储运概念则不涉及存储与运输及其他活动整体的系统化和最优化问题。

物流是一个现代的概念，第二次世界大战后才在各国兴起，而在我国，储运是一个十分古老、传统的概念。

8.1.3 物流的功能

1. 物流的基本功能

物流的基本功能是指物流系统所具有的基本能

力，这些基本能力有效地组合便能合理地实现物流系统的总目标。物流系统的基本功能包括运输、储存、包装、装卸搬运、流通加工、配送及物流信息管理等，可以分别对应物流活动的实际工作环节中的七项具体功能：

（1）包装功能。包装功能包括产品的出厂包装、生产过程中制成品和半成品的包装，以及在物流过程中的换装、分装和再包装等活动。

（2）装卸搬运功能。装卸功能是为了加快商品在物流过程中的流通速度而必备的功能，包括与运输、储存、包装、流通加工等物流活动进行衔接的活动，以及在储存等活动中为进行检验、维护和保养所进行的装卸及搬运活动。

（3）运输功能。物流的运输功能主要是为客户选择满足其需求的运输方式，然后具体组织网络内部的运输作业，在规定的时间内将客户的商品运抵目的地。

（4）储存功能。储存功能包括堆存、保管、保养、维护等活动。

（5）流通加工功能。流通加工功能又称流通过程中的加工活动。这种加工活动不仅存在于社会流通过程中，也存在于企业内部的流通过程中，所以它实际上是在物流过程中进行的辅助加工活动。

（6）配送功能。配送功能是物流进入最终阶段，以配货、送发形式最终完成社会物流，并最终实现资源配置的活动。

（7）物流信息管理功能。物流信息管理功能包括进行与上述各项活动有关的计划和预测，以及对物流动态信息及与其相关的费用、生产、市场信息的收集、加工、整理和提炼等活动。

2．物流的增值服务功能

除了传统的物流服务外，电子商务还需要增值物流服务。所谓增值物流服务，是指在完成物流基本功能的基础上，根据客户需求提供的各种延伸业务活动。增值物流服务包括以下几层含义和内容：

（1）增加便利性的服务——使人变懒的服务。一切能够简化手续、操作的服务都是增值服务。在提供电子商务的物流服务时，推行一条龙的门到门服务，提供完备的操作或作业提示、免培训、免维护、省力化设计或安装、代办业务，一张面孔接待客户、24小时营业、自动订货、传递信息和转账，以及物流全过程追踪等服务，这些都是对电子商务销售有用的增值性服务。

（2）加快反应速度的服务——使流通过程变快的服务。快速反应已经成为物流发展的动力之一。传统的观点和做法是将加快反应速度变成单纯对快速运输的一种要求，但在需求方对速度的要求越来越高的情况下，它也变成了一种约束。因此，具有重大推广价值的增值性物流服务方案，应该是优化电子商务系统的配送中心和物流中心网络，重新设计适合电子商务的流通渠道，以此来减少物流环节，简化物流过程，提高物流系统的快速反应性能。

（3）降低成本的服务——发掘第三利润源泉的服务。在电子商务发展的前期，物流成本将会居高不下，有些企业可能会因为承受不了这种高成本而退出电子商务领域，或者是选择性地将电子商务的物流服务外包。因此，发展电子商务就应该寻找能够降低物流成本的物流方案。企业可以考虑的方案包括采取物流共同化计划，同时如果具有一定的商务规模，比如亚马逊这样具有一定销售量的电子商务企业，可以通过采用比较适用但投资比较少的物流技术和设施设备，或推行物流管理技术，如运筹学中的管理技术、条码技术和信息技术等，来提高物流的效率和效益、降低物流成本。

（4）延伸服务——将供应链集成在一起的服务。电子商务下，新型物流强调物流服务功能的恰当定位与完善化、系列化。除了传统的储存、运输、包装、流通加工等服务外，向上可以延伸到市场调查与预测、采购及订单处理；向下可以延伸到配送、物流咨询、物流方案的选择与规划、库存控制决策建议、货款回收与结算、教育与培训、物流系统设计与规划方案的制作等。

关于结算功能，在从事代理、配送的情况下，物流服务商还要替货主向收货人结算货款等。关于需求预测功能，物流服务商应该负责根据物流中心商品进货、出货信息来预测未来一段时间内的商品进出库量，进而预测市场对商品的需求，从而指导订货。关于物流系统设计咨询功能，第三方物流服务商要充当电子商务经营者的物流专家，因而必须为电子商务经营者设计物流系统，为它选择和评价运输商。关于教育与培训功能，物流系统的运作需要电子商务经营者的支持和理解，通过向电子商务经营者提供培训服务，可以培养它与物流中心经营管理者的认同感，可以提高电子商务经营者的物流管理水平，可以将物流中心经营管理者的要求传达给电子商务经营者，也便于确立物流作业标准。

在基本功能中，配送和储存分别解决了电子商务过程中供给者与需要者之间场所和时间的分离问题，分别是物流创造"场所效用"及"时间效用"的主要功能要素，因而在物流系统中处于主要功能要素的地位。延伸服务最具有增值性，但也是最难提供的服务。增值功能需要智慧和远见，能否提供此类增值服务现在已成为衡量一个物流企业是否真正具有竞争力的标准。

8.1.4 物流的分类

对于不同领域的物流，虽然其基本要素相同，但因物流对象不同、目的不同或范畴不同，便有了不同的物流类型。目前，物流的主要分类方法有以下几种：宏观物流和微观物流、社会物流和企业物流、国际物流和区域物流。下面将采用第二种分类方法对物流进行划分。

1. 社会物流

社会物流是指超越一家一户的、以一个社会为范畴、以面向社会为目的的物流。这种社会性很强的物流往往是由专门的物流承担人承担的，其范畴包含社会经济较大的领域。社会物流研究再生产过程中随之发生的物流活动，研究国民经济中的物流活动，研究如何形成服务于社会、面向社会又在社会环境中运行的物流，研究社会中物流体系结构和运行，因此带有宏观性和广泛性。

2. 企业物流

企业物流是从企业角度研究与之有关的物流活动，是具体、微观的物流活动的典型领域。企业物流又可以分为以下具体的物流活动：

（1）企业生产物流指企业在生产工艺中的物流活动。这种物流活动是与整个生产工艺过程相伴的，实际上已构成了生产工艺过程的一部分。对企业生产物流的研究和优化，可以大大缩短生产周期，节约劳动力。

（2）企业供应物流指企业为保证本身生产的节奏，不断组织原材料、零部件、燃料、辅助材料供应的物流活动。这种物流活动对企业生产的正常、高效进行起着重要作用。当今企业竞争的关键在于如何降低这一物流过程的成本，为此，企业供应物流就必须解决有效的供应网络、供应方式、零库存等问题。

（3）企业销售物流指企业为保证本身的经营效益，不断伴随销售活动将产品所有权转给用户的物流活动。在现代社会中，市场是一个完全的买方市场，销售物流活动带有很强的服务性，需要人们研究送货方式、包装水平、运输路线等，并采取各种诸如少批量、多批次、定时、定量配送等特殊的物流方式达到目的，因而其研究领域是很宽的。

（4）企业回收物流。企业在生产、供应、销售活动中总会产生各种余料和废料，这些东西的回收会伴随物流活动，而且在一个企业中如果回收物品处理不当，往往会影响生产环境，甚至影响产品的质量，也会占用很大空间，造成浪费。

（5）企业废弃物物流指对企业排放的废弃物进行运输、装卸、处理等的物流活动。

8.1.5 物流管理的目标

1．快速响应

快速响应关系到企业是否能及时满足客户需求。使用信息技术，可以提高配送中心在最短时间内完成物流作业并尽快交付所需存货的能力。这样就可以减少传统上按预期的门店需求过度储备存货的情况。快速响应能力使企业能够把作业重点从根据预测对存货储备的预期，转移到以从装运到装运的方式对客户需求作出反应上来。

2．减少故障

故障是指破坏系统表现的任何意想不到的事件，它可以在任何一个物流作业领域产生，如客户收到订货的时间被延迟、配送中发生意想不到的损坏、货物到达客户所在地时发现受损，或者把货物交付到不正确的地点。所有这一切都将使物流作业时间遭到破坏，对此必须予以解决。

物流系统的所有作业领域都会发生故障，减少故障的可能性需要内部作业和外部作业共同配合。解决故障的传统办法是建立安全库存或使用高成本的溢价运输。现在，可以使用信息技术减少故障，从而减少安全库存成本和溢价运输的费用和相关风险，以实现积极的物流控制。

3．最低库存

最低库存的目标与库存的周转速度有关。存货的高周转率，意味着分布在存货上的资金得到了有效的利用。因此，保持最低库存的目标是要把存货配置减少到与客户服务目标相一致的最低水平，以实现最低的物流总成本。随着企业谋求减少存货的设想，类似"零库存"之类的概念已变得越来越流行。在重新设计系统时，作业上的一些缺陷一直要到存货被减少到其可能的最低水平时才会显露出来。

4．整合配送运输

运输成本是最重要的物流成本之一。配送运输成本与商品的种类、装运的规模以及距离直接相关。配送具有溢价服务特征，企业物流系统所依赖的高速度、小批量装运的运输，是典型的高成本运输。要减少运输成本，就需要实现整合运输。一般说来，整合后的装运规模越大，运输的距离越长，则每单位运输成本就越低。这就需要有创新的规划，把小批量的装运聚集成集中的、具有较大批量的整合运输。

5．改善物流质量

物流目标是要寻求持续的质量改善。全面质量管理已成为全行业各方面工作的重点，是物流管理工作的主要动力之一。物流本身必须履行所需要的质量标准。企业中管理上的至高的"零缺陷"服务要求物流作业必须在每日24小时的任何时间、跨越广阔的地域来履行。但是在物流质量管理上存在这样的事实，即：绝大多数的物流工作是在监督者的视线外完成的。由于不正确装运或运输中的损坏导致再次履行客户订单所花的费用，远比第一次就正确履行所需的费用多。因此，物流是发展和维持全面质量管理的主要组成部分。

8.1.6 物流活动的要素

物流活动的要素指的是物流系统所具有的基本要素，一般包括运输、储存、安全库存、包装、装卸搬运、流通加工、信息等。这些基本要素有效地组合、联结在一起，相互平衡，形成密切相关的一个系统，能合理、有效地实现物流系统的总目标。

（1）运输。运输一般分为输送和配送。关于它们的区分，有许多不同的观点。一般认为，所有物品的移动都是运输，输送是指利用交通工具一次向单一目的地长距离地运送大量货物的移动，而配送是指利用交通工具一次向多个目的地短距离地运送少量货物的移动。如在市内运输中，由生产商经由物流企业（如配送中心）为用户提供商品时，生产商到配送中心之间的物品空间移动称为"输送"，而从配送中心到用户之间的物品空间移动称为"配送"。

（2）储存。储存是物流活动的主要要素之一。在物流中，运输承担了改变商品空间状态的重任，而物流的另一重任——改变商品时间状态是由储存来承担的。库存是与储存既有密切关系又有区别的一个概念，它是储存的静态形式。库存主要分为基本库存和安全库存。基本库存是补给过程中产生的库存。在订货之前，库存处于最高水平，日常的需求不断地"抽取"存货，直至该储存水平降至零。实际中，在库存没有降低到零之前，就要开始启动订货程序，于是，在发生缺货之前，就会完成商品的储备。补给订货的量就是订货量。在订货过程中必须保持的库存量就是储存。

（3）安全库存。为了防止不确定因素对物流的影响，如运输延误，商品到货但品种、规格、质量不符合要求，销售势头好、库存周转加快或紧急需要等，都需要企业另外储备一部分库存，这就是安全库存。

（4）包装。包装分为为保持商品的品质而进行的工业包装和为使商品能顺利抵达消费者手中、提高商品价值、传递信息等而进行的商品包装。包装既是生产的终点，又是企业物流的起点，它的作用是按单位分开产品，便于运输，并保护在途货物。

（5）装卸搬运。装卸搬运是随运输和储存而产生的必要的物流活动，它是衔接其他物流活动的中间环节，包括装车、卸车、分拣、入库以及连接以上各项动作的短程搬运。在物流活动的全过程中，装卸活动是频繁发生的，因而是产品损坏的重要原因之一。

（6）流通加工。流通是保持物资的原有形式和性质，完成商品所有权的转移和空间形式的位移。物流的包装、储存、运输装卸等功能，并不改变物流的对象。但是为了提高物流速度和物资的利用率，在商品进入流通领域后，还需按用户的要求对物流对象进行一定的加工活动，即在物品从生产者向消费者流动的过程中，为了促进销售、维护产品质量、实现物流的高效率，进行使物品发生物理和化学变化的加工活动，物流的这种功能就是流通加工。

（7）信息。收集与物流活动相关的信息，目的在于使物流活动能有效、顺利地进行，因而信息构成了物流系统的基本要素之一。随着计算机和信息通信技术的发展，物流信息出现高度化、系统化的发展。信息包括与商品数量、质量、作业管理相关的物流信息，以及与订、发货和货款支付相关的商流信息。与物流信息密切相关的是物流信息系统，其定义如下：管理人员利用一定的设备、根据一定的程序对信息进行收集、分类、分析、评估，并把精确信息及时地提供给决策人员，以便他们作出高质量的物流决策。

物流信息系统不但要收集尽可能多的信息，提供给物流经理以便他们作出有效的决策，还要与公司中销售、财务等其他部门的信息系统共享信息，然后将有关综合信息传至公司最高领导处，协助他们形成战略计划。

8.2 电子商务与物流配送

8.2.1 物流在电子商务中的作用

1. 物流系统组成

物流系统由物流作业系统和物流信息系统两个部分组成。

物流作业系统在运输、保管、搬运、包装和流通加工等作业中使用多种先进技能和技术，并使生产据点、物流据点、输配送路线和运输手段等网络化，以提高物流活动的效率。物流作业流程如图8-1所示。

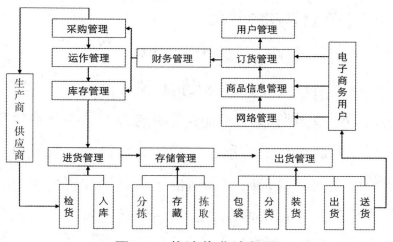

图8-1　物流作业流程图

物流信息系统在保证订货、进货、库存、出货和配送等信息通畅的基础上，使通信据点、通信线路、通信手段网络化，提高物流作业系统的效率。

2．物流系统的目的

物流系统的目的在于以速度、安全、可靠和低费用为原则，即以最少的费用提供最好的物流服务。

（1）按交货期将所订货物适时而准确地交给用户。

（2）尽可能地减少用户所需的订货断档。

（3）适当配置物流据点，提高配送效率，维持适当的库存量。

（4）提高运输、保管、搬运、包装和流通加工等作业效率，实现省力化和合理化。

（5）保证订货、出货和配送信息畅通无阻。

（6）使物流成本降到最低。

3．物流系统的作用

1）是电子商务的重要组成部分

电子商务过程必然涉及信息流、资金流和物流。它们的形成是商品流通不断发展的必然结果，由信息流提供及时准确的信息，由资金流有计划地完成商品价值形态的转移，而物流则根据信息流和资金流的要求完成商品使用价值即商品实体的转移过程。物流是资金流的前提和条件。

2）是实现"以消费者为中心"理念的根本保证

电子商务的产生，为消费者提供了网络购物的方便，消费者可以在网上查阅信息、了解产品性能、对比产品价格、节约购物时间，足不出户就可以轻松地完成购物过程。但如果物流作为电子商务的最后一个关键环节，不能与信息流、资金流相配套，就极有可能出现不能按时送货、货非所需等问题。那么，电子商务的优势无从体现，"以消费者为中心"更成为一纸空文。

3）电子商务需要现代物流

现代物流的重要特征是信息流、资金流和物流三者的有机结合，现代物流可以依托网络和信息技术，做到各类资源的合理调配和利用。此外，现代物流还提供了增值服务功能，包括：

（1）增加便利性服务。在提供电子商务的物流服务时，推行一条龙服务、提供完备的操作或作业提示、省力化设计或安装、代办业务、全天候营业、自动订货、传递信息和自动转账、物流全过程追踪等。

（2）快速反应服务。快速反应是物流发展的动力之一。现代生产系统是以订单为依据，采用定制化生产方式，以满足消费者的个性化需求。而且，满足消费者的个性化需求必须反应快速，这既是消费者的要求，也是生产者降低成本、形成竞争优势的需要。生产系统的快速反应必然要求物流系统与之匹配，只有物流信息化才能实现快速反应。可以通过两条途径加快反应速度：一是提高运输基础设施能力、设备的利用效率，如修建高速公路、铁路提速、增加运输次数等；二是优化电子商务的流通渠道，以此简化物流过程，提高物流系统的快速反应性能。

（3）降低成本服务。电子商务发展初期，物流成本较高，企业应寻找能够降低物流成本的方案，选择适合自己的物流运作模式，比如借助传统渠道、第三方物流、企业自营模式等。采用投资较少的物流技术和设备设施，推行物流管理技术，提高物流的效率和效益，降低物流成本。

（4）延伸服务。延伸服务是指将供应链集成在一起的服务。向上可以延伸到市场调查与预测、采购及订单处理；向下可以延伸到配送、物流咨询、物流方案的选择、库存控制决策建议、货款回收与结算、教育培训、物流系统设计与规范方案的制作等。

8.2.2 电子商务环境下的物流配送

以计算机网络为基础的电子商务引起了传统物流配送的革命。电子商务的出现，不仅影响到物流配送本身，也影响到上下游的供应链体系，包括供应商和消费者。物流配送的信息化及网络技术的广泛应用带来了种种广泛而深入的影响，这些影响是有益的，将使物流配送更有效率。

1. 电子商务对传统物流配送的冲击和影响

电子商务系统网络化的虚拟企业可将散置在各地的分属不同所有者的仓库通过网络系统连接起来，使之成为"虚拟仓库"，并对其进行统一管理和调配使用，服务半径和货物集散空间都扩大了。这样的企业在组织资源的速度、规模、效率和资源的合理配置方面都是传统的物流配送所不可比拟的，相应的物流观念也必须是全新的。

（1）网络对物流配送的实时控制代替了传统的物流配送管理程序。网络的应用可以实现整个过程的实时监控和实时决策，新型物流配送的业务流程都由网络系统连接，当系统的任何一个神经末端收到一个需求信息的时候，该系统都可以在极短的时间内作出反应，并可以拟定详细的配送计划，通知各环节开始工作。这一切工作都可以由计算机根据事先设计好的程序自动完成。

（2）物流配送的持续时间在网络环境下会大大缩短，这对物流配送速度提出了更高的要求。传统的物流配送管理中，信息交流的限制导致完成一个配送过程的时间比较长。这个问题随着网络系统的应用得到解决，任何一个有关配送的信息和资源都会通过网络化管理在几秒钟内传到有关环节。因此，电子商务对物流配送在效率、成本和客户满意等方面提出了更高的要求。

（3）网络系统的介入简化了物流配送过程。网络化的新型物流配送中心可大大简化物流配送过程，在网络支持下的成组技术可以在网络环境下更加淋漓尽致地被使用，物流配送周期会缩短，其组织方式也会发生变化。计算机系统管理可以使整个物流配送管理过程变得简单和容易，网络上的营业推广可以使用户购物和交易过程变得更有效率、费用更低。

综上所述，推行信息化配送制，发展信息化、自动化、现代化的新型物流配送业，是发展和完善电子商务服务的一项重要内容，势在必行。

2．电子商务环境下物流的特点

电子商务时代的来临给全球物流带来了新的发

展，使物流具备了一系列新特点：

（1）信息化。电子商务时代，物流信息化是电子商务的必然要求。物流信息化表现为物流信息的商品化、物流信息收集的数据库化和代码化、物流信息处理的电子化和计算机化、物流信息传递的标准化和实时化、物流信息存储的数字化等。物流信息化是物流现代化管理的基础，没有物流的信息化，任何先进的技术设备都不可能应用于物流领域。实现了物流信息化，信息技术及计算机技术在物流中的应用将会彻底改变世界物流的面貌。

（2）自动化。物流自动化的设施非常多，如条码语音射频自动识别系统、自动分拣系统、自动存取系统、自动导向车、货物自动跟踪系统等。

（3）网络化。物流领域网络化的基础也是信息化，这里所说的网络化有两层含义：一是物流配送系统的计算机通信网络，包括物流配送中心与供应商或制造商的联系要通过计算机网络，另外与下游客户之间的联系也要通过计算机网络通信。比如物流配送中心向供应商提出订单这个过程，就可以使用计算机通信方式，借助于增值网上的电子订货系统（EOS）和电子数据交换技术（EDI）来自动实现，物流配送中心通过计算机网络收集下游客户的订单的过程也可以自动完成。二是组织的网络化，即所谓的组织内部网

（Intranet）。比如，我国台湾地区的计算机业在20世纪90年代创造出了"全球运筹式产销模式"，这种模式是按照客户订单组织生产，生产采取分散形式，即将全世界的计算机资源都利用起来，采取外包的形式将一台计算机的所有零部件、元器件、芯片外包给世界各地的制造商去生产，然后通过全球的物流网络将这些零部件、元器件和芯片发往同一个物流配送中心进行组装，由该物流配送中心将组装的计算机迅速回发给订户。这一过程需要有高效的物流网络支持，当然物流网络的基础是信息和计算机网络。

物流的网络化是物流信息化的必然，是电子商务下物流活动的主要特征之一。当今世界互联网等全球网络资源的可用性以及网络技术的普及，为物流的网络化提供了良好的外部环境，物流网络化不可阻挡。

（4）智能化。这是物流自动化、信息化的一种高层次应用，物流作业过程中大量的运筹和决策，如库存水平的确定、运输（搬运）路径的选择、自动导向车的运行轨迹和作业控制、自动分拣机的运行、物流配送中心经营管理的决策支持等问题，都需要借助于大量的知识才能解决。在物流自动化的进程中，物流智能化是不可回避的技术难题。好在专家系统、机器人等相关技术在国际上已经有比较成熟的研究成果。为了提高物流现代化的水平，物流的智能化已成为电子商务下物流发展的一个新趋势。

（5）柔性化。柔性化本来是为实现"以客户为中心"理念而在生产领域提出的，但需要真正做到柔性化，即真正能根据客户需求的变化来灵活调节生产工艺，没有配套的柔性化的物流系统是不可能达到目的的。20世纪90年代，国际生产领域纷纷推出弹性制造系统（FMS）、计算机集成制造系统（CIMS）、制造资源系统（MPR）、企业资源计划（ERP）以及供应链管理的概念和技术，这些概念和技术的实质是要将生产、流通进行集成，根据需求端的要求组织生产，安排物流活动。因此，柔性化的物流正是适应生产、流通与消费的需求而发展起来的一种新型物流模式。这就要求物流配送中心要根据消费需求"多品种、小批量、多批次、短周期"的特色，灵活地组织和实施物流作业。

8.2.3 电子商务下的配送中心

配送中心是指专门从事配送工件的物流节点，把多品种、大批量商品，经过倒装、分类、保管或流通加工等作业，根据各客户的订货要求，将商品配齐装车，进行迅速、准确的配送。在电子商务时代，信息化、现代化、社会化的新型物流配送中心具有以下特征：

（1）物流配送反应速度快。电子商务下，新型物流配送服务提供者对上游、下游的物流配送需求的反应速度越来越快，前置时间越来越短，配送时间越来越短，物流配送速度越来越快，商品周转次数越来越多。

（2）物流配送功能集成化。新型物流配送着重于将物流与供应链的其他环节进行集成，包括物流渠道与商流渠道的集成、物流渠道之间的集成、物流功能的集成、物流环节与制造环节的集成等。

（3）物流配送服务系列化。电子商务下，新型物流配送强调物流配送服务功能的恰当定位与完善化、系列化，除了传统的储存、运输、包装、流通加工等服务外，还在外延上扩展至市场调查与预测、采购及订单处理，向下延伸至物流配送咨询、物流配送方案的选择与规划、库存控制策略建议、货款回收与结算、教育培训等增值服务，在内涵上提高了以上服务对决策的支持作用。

（4）物流配送作业规范化。电子商务下的新型物流配送强调功能作业流程、作业的标准化和程序化，使复杂的作业变成简单的易于推广与考核的运作。

（5）物流配送目标系统化。新型物流配送从系统角度统筹规划一家公司整体的各种物流配送活动，处理好物流配送活动与商流活动及公司目标之间、物流配送活动之间的关系，不求单个活动的最优化，但求整体活动的最优化。

（6）物流配送手段现代化。电子商务下的新型物流配送使用先进的技术、设备，通过优质的管理为销售提供服务，生产、流通、销售规模越大、范围越广，物流配送技术、设备及管理越现代化。

（7）物流配送组织网络化。为了保证为产品销售提供快速、全方位的物流支持，新型物流配送要有完善、健全的物流配送网络体系，网络上点与点之间的物流配送活动保持系统性、一致性，从而保证整个物流配送网络有最优的库存总水平及库存分布，运输与配送快捷、机动，既能铺开又能收拢。分散的物流配送单体只有形成网络，才能满足现代生产与流通的需要。

（8）物流配送经营市场化。新型物流配送的具体经营采用市场机制，无论是企业自己组织物流配送，还是委托社会化物流配送企业承担物流配送任务，都以"服务—成本"的最佳配合为目标。

（9）物流配送流程自动化。物流配送流程自动化是指运送规格标准、仓储、货箱排列装卸、报运等按照自动化标准作业，商品按照最佳配送路线进行配送等。

（10）物流配送管理法制化。宏观上，要有健全的法规、制度和规则；微观上，新型物流配送企业要依法办事，按章行事。

电子商务下的新型配送中心应实现高水平的企业管理，同时对人员和装备配置也提出了新的要求：

（1）新型物流配送中心作为一种全新的流通模式和运作结构，其管理水平要求达到科学化和现代化。只有通过合理的科学管理制度、现代化的管理方法和手段，才能确保物流配送中心基本功能和作用的发挥，从而保障相关企业和用户整体效益的实现。管理科学的发展为流通管理的现代化、科学化提供了条件，为促进流通产业的有序发展和企业内部管理的完善及开拓市场提供了机遇。同时，还要加强对市场的监管和调控力度，使之有序化和规范化。总之，一切以市场为导向，以管理为保障，以服务为中心，加快科技进步是新型物流配送中心的根本出路。

（2）新型物流配送中心能否充分发挥其各项功能和作用，完成其应承担的任务，人才配置是关键。新型物流配送中心的发展需要配置大量的各种专业人才，从事经营、管理、科研、仓储、配送、流通加工、通信设备和计算机系统维护、贸易等业务。因此必须加大人才培养的投入，培养和引进大批掌握先进科技知识的人才，并给其施展才华的机会；还应对现有员工进行有计划的定期培训，形成系统的学习科技知识的制度；在企业里引入竞争机制，形成能上能下的局面。要提高员工的科技创新意识，培养企业对知识的吸纳能力，促进物流产业人力资源的开发和利用，造就大批符合知识经济时代要求的物流配送人才，利用各种先进的科学技术和科学方法，促进物流配送产业向知识密集型方向发展。

（3）新型物流配送中心面对着成千上万的供应厂商和消费者以及瞬息万变的市场，承担着为众多用户提供商品配送和及时满足他们不同需要的任务，这就要求物流配送中心必须配备现代化装备和应用管理系统，具备必要的物质条件，尤其是要重视计算机网络的运用。通过计算机网络可以广泛收集信息，及时进行分析比较，通过科学的决策模型迅速作出正确的决策，这是解决系统化、复杂化和紧迫性问题最有效的工具和手段。同时，采用现代化的配送设施和配送网络，以便逐渐形成社会化大流通的格局。

8.3 电子商务的物流模式

电子商务环境下企业成本优势的建立和保持，必须以可靠和高效的物流运作为保证，这也是现代企业在竞争中取胜的关键。以生产企业为例，有关物流对企业影响的调查研究数据显示，90%以上的人认为比较重要，其中42%的人认为很重要，仅有9.2%认为不重要。一个国家物流业的发展水平，一定程度上反映了该国的综合国力和企业的市场竞争力。值得注意的是，物流一体化的方向和专业化的第三方物流的发展，已成为目前世界各国和大型跨国公司关注、探讨和实践的热点。

8.3.1 物流一体化

随着市场竞争的不断深化和加剧，企业建立竞争优势的关键已由节约原材料的"第一利润源泉"、提高劳动生产率的"第二利润源泉"，转向建立高效的物流系统的"第三利润源泉"。

物流一体化是利用物流管理，使产品在有效的供应链内迅速移动，使参与各方的企业都能获益，使整个社会获得明显的经济效益。或者说，物流一体化，是以物流系统为核心，由生产企业，经由物流企业、销售企业直至消费者的供应链的整体化和系统化。它是物流业发展的高级和成熟的阶段，物流业高度发达，物流系统完善、运作协调，就能够为社会提供全方位的物流服务。物流一体化的发展可分为三个层次：

（1）物流自身一体化。它是指物流系统的观念逐渐确立，运输、仓储和其他物流要素趋向完备，子系统协调运作，向系统化发展。

（2）微观物流一体化。它是指市场主体企业将物流提高到企业战略的地位，并且出现了以物流战略作为纽带的企业联盟。

（3）宏观物流一体化。它是指物流业发展到占国家国民生产总值的一定比例，处于社会经济生活的主导地位，使跨国公司从内部职能专业化和国际分工程度的提高中获得规模经济效益。

8.3.2 第三方物流

第三方物流（Third Party Logistics，TPL）是指由物流劳务的供方、需方之外的第三方去完成物流服务的物流运作方式。第三方就是指提供物流交易双方的部分或全部物流功能的外部服务提供者。从某种意义上，可以说它是物流专业化的一种形式。物流业发展到一定阶段必然会出现第三方物流，对西方国家的物流业分析证明，独立的第三方物流至少占社会的50%时，物流产业才能形成。所以，第三方物流的发展程度反映出一个国家物流业发展的整体水平。

专业化、社会化的第三方物流的承担者是物流企业。按照物流企业完成的物流业务范围的大小和所承担的物流功能，可将物流企业分为功能性物流企业和综合性物流企业两类。

（1）功能性物流企业，也叫单一物流企业，即它仅仅承担和完成某一项或几项物流功能。按照其主要从事的物流功能，可将其进一步分为运输企业、仓储企业、流通加工企业等。

（2）综合性物流企业，它能够完成和承担多项甚至所有的物流功能。综合性物流企业一般规模较大，资金雄厚，并且有着良好的物流服务信誉。

按照物流企业是自行完成和承担物流业务，还是委托他人进行操作，可将物流企业分为物流自理企业和物流代理企业。

（1）物流自理企业，就是平常人们所说的物流企业，对它可进一步按照业务范围进行划分。

（2）物流代理企业，按照物流业务代理的范围，可分成综合性物流代理企业和功能性物流代理企业。功能性物流代理企业包括运输代理企业（货代公司）、仓储代理企业（仓代公司）和流通加工代理企业等。

总结西方发达国家第三方物流的实践，有以下几点经验值得借鉴：

（1）物流业务的范围不断扩大。商业机构和各大公司面对日趋激烈的竞争，不得不将主要精力放在核心业务上，将运输、仓储等相关业务环节交由更专业的物流企业进行操作，以求节约和高效；另一方面，物流企业为提高服务质量，也在不断拓宽业务范围，提供配套服务。

（2）很多成功的物流企业根据第一方、第二方的谈判条款，分析比较自理的操作成本和代理费用，灵活运用自理和代理两种方式，提供客户定制的物流服务。

（3）物流产业的发展潜力巨大，具有广阔的发展前景。

8.3.3 第三方物流与物流一体化

物流一体化是物流产业化的发展形式，它必须以第三方物流充分发育和完善为基础。物流一体化的实质是一个物流管理的问题，即专业化物流管理人员和技术人员，充分利用专业化物流设备、设施，发挥专业化物流运作的管理经验，以求取得整体最优的效果。同时，物流一体化的趋势为第三方物流的发展提供了良好的发展环境和巨大的市场需求。

从物流业的发展看，第三方物流是在物流一体化的第一个层次出现萌芽的，但是这时只有数量有限的功能性物流企业和物流代理企业。第三方物流在物流一体化的第二个层次得到迅速发展。专业化的功能性物流企业和综合性物流企业以及相应的物流代理公司出现且发展很快，这些企业发展到一定水平，物流一体化就进入了第三个层次。

发达国家在发展第三方物流、实现物流一体化方面积累了较为丰富的经验。德国、美国、日本等发达国家认为，实现物流一体化、发展第三方物流，关键是要具备一支优秀的物流管理队伍。要求第三方物流管理者必须具备较高的经济学和物流学专业知识和技能，精通物流供应链中的每一门学科，整体规划水平和现代管理能力都很强。第三方物流和物流一体化的理论为中国的国有大中型企业带来一次难得的发展机遇和契机。但我们需要探索适合中国国情的第三方物流运作模式，降低生产成本，提高效益，加强竞争力。

8.3.4 电子商务与国际物流

电子商务的推广加快了世界经济的一体化，使国际物流在整个商务活动中占有举足轻重的地位。在1985～1995年间，我国国民生产总值平均保持20.3%的年增长速度，对外贸易增长速度为27.5%。同期国际物流中，集装箱运量增长速度为31.5%。我国国际物流量和对外贸易是同步增长的，均超过了同期国民生产总值的增长速度。

由此可见，国际贸易的顺利进行，要求以有效的国际物流作为保证和支持。据有关统计，目前跨国公司控制着全球生产总值的40%左右、国际贸易的50%以上和国际投资的90%。跨国公司正在由各国子公司独立经营的阶段向围绕公司总体战略、协同经营一体化发展，从而对国际物流提出了更高的要求。我国大型企业要进入世界企业100强或500强的行列，必须极大地提高我国国际物流的支持能力。我国加入WTO（世界贸易组织）之后，国际贸易和跨国经营都面临着巨大商机和严峻挑战。为了使我国在世界贸易格局中占据有利地位，提高中国跨国公司的竞争能力和成本优势，开展和加强国际物流的研究具有重要意义。

1. 国际物流的概念及发展

所谓国际物流，是组织货物在国际间的合理流动，也就是发生在不同国家之间的物流。国际物流的实质是按国际分工协作的原则，依照国际惯例，利用国际化的物流网络、物流设施和物流技术，实现货物在国际间的流动与交换，以促进区域经济的发展和世界资源优化配置。

国际物流的总目标是为国际贸易和跨国经营服务，即选择最佳的方式与路径，以最低的费用和最小的风险，保质、保量、适时地将货物从某国的供方运到另一国的需方。国际物流是为跨国经营和对外贸易服务，使各国物流系统相互"接轨"，因而与国内物流系统相比，具有国际性、复杂性和风险性等特点。国际物流的发展分为三个阶段：

（1）第一阶段：20世纪50年代至80年代初。这一阶段物流设施和物流技术得到了极大的发展，建立了配送中心，广泛运用电子计算机进行管理，出现了立体无人仓库，一些国家建立了本国的物流标准化体系。物流系统的改善促进了国际贸易的发展，物流活动已经超出了一国范围，但物流国际化的趋势还没有得到人们的重视。

（2）第二阶段：20世纪80年代初至90年代初。随着经济技术的发展和国际经济往来的日益扩大，物流国际化趋势开始成为世界性的共同问题。美国强调改善国际性物流管理，降低产品成本，并且要改善服务，扩大销售，在激烈的国际竞争中获得胜利。与此同时，日本要实现与其对外贸易相适应的物流国际化，并采取了建立物流信息网络、加强物流全面质量管理等一系列措施，提高物流国际化的效率。这一阶段，物流国际化的趋势局限在美、日和欧洲一些发达国家。

（3）第三阶段：20世纪90年代初至今。这一阶段，国际物流的概念和重要性已为各国政府和外贸部门普遍接受。贸易伙伴遍布全球，必然要求物流国际化，即物流设施、物流技术、物流服务、货物运输、包装和流通加工等的国际化。世界各国目前都在广泛开展国际物流方面的理论研究、技术开发和实践探索。

2．国际物流系统

国际物流系统由商品的包装、储存、运输、检验、流通加工和其前后的整理、再包装以及国际配送等子系统组成。运输和储存子系统是物流系统的主要组成部分。国际物流通过商品的储存和运输，实现其自身的时间和空间效益，满足国际贸易活动和跨国公司经营的要求。

（1）运输子系统。运输的作用是将商品使用价值进行空间移动，物流系统依靠运输作业克服商品生产地和需要地的空间距离，创造了商品的空间效益。国际货物运输是国际物流系统的核心。

（2）仓储子系统。国际贸易和跨国经营中的商品从生产或供应部门被集中运送到装运港口，有时需临时存放一段时间再装运出口，是一个集和散的过程。它主要是在各国的保税区和保税仓库进行的，主要涉及各国保税制度和保税仓库建设等方面。从物流角度看，应尽量减少储存时间、储存数量，加速货物和资金周转，实现国际物流的高效率运转。

（3）商品检验子系统。由于国际贸易和跨国经营具有投资大、风险高、周期长等特点，使得商品检验成为国际物流系统中重要的子系统。通过商品检验，确定交货品质、数量和包装条件是否符合合同规定。如发现问题，可分清责任，向有关方面索赔。在买卖合同中，一般都订有商品检验条款，其主要内容有检验时间与地点、检验机构与检验证明、检验标准与检验方法等。

（4）商品包装子系统。美国杜邦化学公司提出的"杜邦定律"认为，63%的消费者是根据商品的包装装潢进行购买的，国际市场和消费者是通过商品来认识企业的，而商品的商标和包装就是企业的面孔，它反映了一个国家的综合科技文化水平。

（5）国际物流信息子系统。该系统的主要功能是采集、处理和传递国际物流和商流的信息情报。没有功能完善的信息系统，国际贸易和跨国经营将寸步难行。国际物流信息的主要内容包括进出口单证的作业过程、支付方式信息、客户资料信息、市场行情信息和供求信息等。国际物流信息系统的特点是信息量大、交换频繁；传递量大、时间性强；环节多、点多、线长。所以，要建立技术先进的国际物流信息系统。

3．建立和完善物流网络，促进国际物流合理化

国际贸易和经营的竞争要求国际物流系统的物流费用要低，客户服务水平要高。为实现这一目标，建立完善的国际物流系统网络十分重要。

国际物流系统网络是指由多个收发货的"节点"和它们之间的"连线"所构成的物流抽象网络，以及与之相伴随的信息流网络的有机整体。国际物流系统

网络研究的中心问题是确定进出口货源点（或货源基地）和消费者的位置，各层级仓库及中间商批发点（零售点）的位置，规模和数量，进而决定国际物流系统的合理布局和合理化问题。

建立和完善国际物流系统网络应注意这样几个问题：首先，在规划网络内的建库数目、地点及规模时，都要紧密围绕着商品交易计划，乃至一个国家宏观国际贸易总体规划；其次，应明确各级仓库的供应范围、分层关系及供应或收购数量，注意各层仓库间的有机衔接；最后，国际物流网点规划要考虑现代物流技术的发展，留有余地，以备将来的扩建，为发展外向型经济、扩大国际贸易、增强商品在国际市场上的竞争力，建立健全高效、通畅的国际物流体系，实现国际物流合理化和国际贸易扩大化。

电子商务的发展，必然要求国际物流的网络化、系统化和信息化。国际物流合理化策略包括研究国家物流网点的战略规划和合理布局，采用先进的物流技术与系统增加物流规模，减少进出口商品的在途积压，改进储运、包装、检验等物流管理环节，从而推进国内国际物流一体化进程。

8.3.5 我国电子商务物流的发展现状及特征

1. 中国物流业发展的现状及主要特征

相对于发达国家的物流业而言，中国的物流业尚处于起步发展阶段，其发展的主要特点是：

（1）企业物流仍然是全社会物流活动的重点，专业化物流服务需求已初露端倪。近年来，随着买方市场的形成，企业对物流领域中存在的"第三利润源泉"开始有了比较深刻的认识。优化企业内部物流管理、降低物流成本成为目前多数国内企业最为强烈的愿望和要求，加强企业内部物流管理仍然是全社会物流活动的重点。与此同时，专业化的物流服务需求已经出现且发展迅速。

（2）专业化物流企业开始涌现，多样化物流服务有一定程度的发展。近年来，中国经济中出现的许多物流企业，主要由三部分构成：一是国际物流企业，针对中国市场正在生成和发展的专业化物流服务需求提供服务，如UPS、TNT等国际大型物流企业纷纷进入中国的快递行业；二是由传统运输、储运及批发贸易企业转变形成的物流企业，它们依托原有的物流业务基础和在客户、设施、经营网络等方面的优势，通过不断拓展和延伸其物流服务，逐步向现代物流企业转化；三是新兴的专业化物流企业，这些企业依靠先进的经营理念、多样化的服务手段、科学的管理模式在竞争中赢得了市场地位，成为中国物流产业发展中一股不容忽视的力量。

（3）物流基础设施和装备发展初具规模。经过多年发展，目前中国已经在交通运输、仓储设施、信息通信、货物包装与搬运等物流基础设施和装备方面取得了长足的发展，为物流产业的进一步发展奠定了必要的物质基础。在交通运输方面，中国目前已经建成了由铁路运输、公路运输、水路运输、航空运输和管道运输五种方式组成的综合运输体系，在运输线路和场站建设方面以及运输车辆及装备方面有了较大的发展。在仓储设施方面，除运输部门的货运枢纽和场站等仓储设施外，商业、物资、外贸、粮食、军队等行业中的仓储设施相对集中。

（4）物流产业发展正在引起各级政府的高度重视。目前，许多地方的各级政府极为重视本地区物流产业发展，并已开始着手研究和制定地区物流发展的规划和有关促进政策。例如深圳市已明确将物流产业作为支持深圳市21世纪经济发展的三大支柱产业之一，并初步制定了物流产业发展的策略；北京市就物流产业发展所需要的物流设施系统进行了比较全面的研究和规划。中央政府有关部门也从不同角度关注着中国物流产业的发展，并积极地研究促进物流产业发展的有关政策。

2．中国物流业发展面临的主要问题

总体来看，中国物流产业的总体规模目前还比较小，发展水平也比较低，这一方面是由中国经济发展的水平和阶段所决定的，另一方面是由于还存在着一些影响和制约物流产业健康发展的因素。

（1）物流产业发展仍然面临着较大的市场需求约束。受传统计划经济体制的影响，中国相当多企业仍然保留着"大而全"、"小而全"的经营组织方式，从原材料采购到产品销售过程中的一系列物流活动主要依靠企业内部组织的自我服务完成。这种以自我服务为主的物流活动模式在很大程度上限制和延迟了工商企业对高效率、专业化、社会化物流服务需求的产生和发展，这也是当前制约中国物流产业快速发展的一个重要"瓶颈"。

（2）专业化物流服务的方式有限，物流企业的经营管理水平有待提高。尽管中国已出现了一些专业化物流企业，但物流服务水平和效率相对较低，主要表现在：服务方式和手段比较原始和单一；物流企业组织规模较小，缺乏必要的竞争实力；物流企业经营管理水平较低，物流服务质量有待进一步提高。

（3）低水平的物流基础设施和装备条件严重影响着物流效率的提高。虽然中国的物流基础设施和装

备条件已有较大的发展和改善，但与发达国家相比仍然有较大的差距，这些差距在相当程度上影响着中国物流效率的提高，不利于物流产业的快速健康发展。主要表现是：中国交通运输基础设施总体规模仍然很小；现代化物流集散和储运设施较少，发展水平较低；各种物流设施及装备的技术水平较低，物流作业效率不高；设施结构不尽合理，不能充分发挥现有物流设施的效率；物流设施和装备的标准化程度较低；信息技术应用水平相对较低。

（4）物流产业发展面临着较大的制度约束。物流产业的发展不仅仅要有充分的市场需求基础、活跃的市场主体以及完善的物流设施，更重要的是要有适应物流产业发展的制度环境，以保证市场机制能够充分发挥作用并使各种物流活动规范有序地进行，促进物流产业健康有序发展。但目前，我国物流产业仍面临着较大的制度约束，主要表现在以下几个方面：条块分割的管理模式对物流产业发展的影响和制约；政企不分现象依然存在，不利于物流产业规范有序地发展；缺乏明确、有效的政策措施。

（5）物流研究相对落后、物流专业人才短缺，是物流产业发展的巨大障碍。相比较而言，中国在物流研究和教育方面较落后，从事物流研究的大学和专业研究机构还较少，企业层面的研究和投入更微乎其微。物流教育水平不高主要表现在缺乏规范的物流人才培育途径。在高等院校中开设物流专业的大学并不多，与物流相关的研究生教育刚刚开始起步，物流职业教育则更加贫乏。企业的短期培训仍然是目前物流培训的主要方式。

3. 我国电子商务物流发展的对策

在中国加入WTO之后，外国物流企业纷纷涌入中国市场，这给中国的物流业带来很大的竞争压力。能否形成完善的社会电子化物流体系，将直接关系到中国物流业在国际竞争中的成败，也会影响到中国网络企业在产品的价格、交货、服务等方面的竞争势态。为此，必须制定可行措施和有效对策，缩小与发达国家物流业之间的差距，满足中国电子商务发展的需要。

（1）必须提高全社会对电子商务物流的认识。要把电子商务与电子商务物流放在一起进行宣传。电子商务是商业领域内的一次革命，而电子商务物流则是物流领域内的一次革命。要改变过去那种"重商流、轻物流"的思想，把物流提升到竞争战略的地位，把发展社会电子化物流系统安排到日程上来。

（2）国家与企业共同参与，共建电子化物流系统。形成全社会的电子化物流系统，需要政府和企业共同出资。政府要在高速公路、铁路、航空、信息网络等方面投入大量资金，以保证交通流和信息流的通畅，形成一个覆盖全社会的交通网络和信息网络，为发展电子商务物流提供良好的社会环境。物流企业要投资现代物流技术，要通过信息网络和物流网络为客户提供快捷的服务，提高竞争力。要吸引更多的制造企业和商业企业上网，通过上网提高企业的竞争力和盈利水平，促进电子商务的发展，从而促进电子商务物流的发展。

（3）结合中国的实际情况，多方面吸取经验。我们可以吸取别国物流管理研究的成果，向电子商务物流发达的国家学习，鼓励理论界和实务界研究电子商务物流中的难题，少走弯路，以加快中国电子商务物流的发展步伐。

（4）加强电子商务物流人才的培养。电子商务物流人才是一种复合型的高级人才，这种人才既懂电子商务，又懂物流；既懂技术，又懂管理。一方面，可以引进电子商务物流人才；另一方面，应加强电子商务物流教育与培训，开展电子商务物流专业课程教学，在物流业推行职业资格认证制度。

4. 我国电子商务物流发展的趋势

电子商务物流本身就代表了未来物流的发展趋势，在电子商务物流的发展过程中还表现出一些新的、具体的趋势。了解这些趋势，可以指导我们今后的实践。

（1）信息化、网络化。物流的信息化，包括商品代码和数据库的建立、运输网络合理化、销售网络系统化、物流中心管理电子化等。物流的网络化包括信息网络化和物流组织网络化。

（2）服务多样化、优质化。物流服务的多样化指从功能上增加了众多的增值服务。物流服务的优质化表现为物流服务的柔性化，比如提供"多品种、小批量、多批次、短周期"的物流服务。

（3）物流过程精益化。精益思想的核心就是以越来越少的投入——较少的人力、较少的设备、较短的时间和较小的场地创造出更多的价值，同时也越来越接近用户，提供他们确实要的东西。

（4）社会化、规模化。随着市场经济的发展，专业化分工越来越精细，企业专注在自己的优势产品上，物流社会化表现为第三方物流的兴起和配送共同化。企业规模经济是指企业在一定范围内，因规模扩大而减少了生产或经销的单位成本时导致的经济，即随着企业生产规模的扩大，产品单位成本降低、收益增加，直到达到企业最优规模经济状态。显然，物流企业也必然受到规模经济规律的制约。

（5）国际化。电子商务中的商流、资金流、信息流都是超越国界的，必然要求物流走向国际化。

（6）标准化。标准化是工业生产的基础，更是现代物流合理化的基础。国际物流界一直都在不断探索标准化技术，并不断出台标准化措施，可以说物流标准化是今后物流发展的重要趋势之一。

（7）绿色化。绿色化是指物流过程中在抑制物流对环境造成危害的同时，实现对物流环境的净化，使物流资源得到最充分利用。

8.4 电子商务与供应链管理

8.4.1 供应链与供应链管理

任何企业不可能在所有业务上都表现突出，只有相关企业优势互补，才能共同增强企业竞争能力。因此，一些先进的企业放弃了传统的管理模式，在全国甚至全球范围内与供应商建立最佳合作伙伴关系，与它们形成一种长期的战略联盟，在运行形式上构成一条从供应商到最终用户的物流和信息流的供应链条。为了加强联盟的管理，使链条中的各个企业都受益，必须从事对供应链的研究，并由此形成供应链管理。

供应链管理是一种集成的管理思想和方法，它执行供应链中从供应商到最终客户的物流的计划和控制等职能。

由于供应链管理是一种整体观念，因此企业的供应链管理不仅涉及企业内部管理，还涉及链上其他企业（主要是供应商）的管理。因此供应链管理主要包括四个主要领域：供应、生产计划、物流以及需求。

企业供应链管理是以同步化、集成化为指导，以各种技术为支持，围绕供应、生产计划、物流、满足需求来实施的。供应链管理的目标在于提高服务水平和降低总的交易成本，并寻求两个目标之间的平衡。

企业供应链管理注重总的物流成本（从原材料到最终产成品的费用）与客户服务水平之间的关系，为此要把供应链各个职能部门有机地结合在一起，从而最大限度地发挥供应链整体的力量，达到企业及供应链中其他企业群体均获益的目的。

8.4.2　电子商务下的供应链管理

传统的供应链管理以生产为中心，力图提高生产效率，降低单件成本，进而获得利润。在销售方面，则采用促销方式，试图将自己的产品推销给顾客，并通过库存来保证产品能不断地流向市场。而电子商务下的供应链管理的理念是以顾客为中心，通过顾客的实际需求和对顾客未来需求的预测来拉动产品的生产和销售。基于这种思想，产生了多种现代化的供应链管理系统，如快速反应系统、有效客户响应系统、电子订货系统以及企业资源计划系统等。

1. 快速反应系统

快速反应（Quick Response，QR）是美国零售商、服装制造商以及纺织品供应商开发的整体业务概念，目的是减少原材料到销售点的时间和整个供应链上的库存，最大限度地提高供应链的运作效率。QR的着重点是对客户需求作出快速反应。QR的具体策略有商品即时出售、自动物料搬运等。实施QR可分为三个阶段。

第一阶段：对所有的商品单元条码化，即对商品消费单元用EAN/UPC条码标识，对商品储运单元用ITF-14条码标识，而对贸易单元则用UCC/EAN-128条码标识。利用EDI传输订购单报文和发票报文。

第二阶段：在第一阶段的基础上增加与内部业务处理有关的策略，如自动补库与商品即时出售等，并采用EDI传输更多的报文，如发货通知报文、收货通知报文等。

第三阶段：与贸易伙伴密切合作，采用更高级的QR策略，以对客户的需求作出快速反应。一般来说，企业内部业务的优化相对较为容易，但在贸易伙伴间进行合作时往往会遇到诸多障碍。在实施第三阶段时，每个企业必须把自己当成集成供应链系统的一个组成部分，以保证整个供应链的整体效益。

2. 有效客户反应系统

有效客户反应（Efficient Consumer Response，ECR）是在食品杂货分销系统中，分销商和供应商为消除系统中不必要的成本和费用、给客户带来更大效益，而进行密切合作的一种供应链管理系统。

ECR的最终目标是建立一个具有高效反应能力和以客户需求为基础的系统，使零售商及供应商以业务伙伴方式合作，提高整个食品杂货供应链而非单个环节的效率，从而大大降低整个系统的成本、库存和物资储备，同时为客户提供更好的服务。

通过ECR，如计算机辅助订货技术，零售商无需接发订购单，即可实现订货；供应商则可利用ECR的连续补充技术，随时满足客户的补货需求，使零售商的存货保持在最优水平，从而提供高水平的客户服务，并进一步加强与客户的关系。同时，供应商也可从商店的销售点数据中获得新的市场信息，改变销售策略；对于分销商来说，ECR可使其快速分拣运输包装，加快订购货物的流动速度，进而使消费者享用更新鲜的物品，增加购物的便利和选择，并加强消费者对特定物品的偏好。

3. 电子订货系统

电子订货系统（Electronic Ordering System，EOS）指将批发、零售商场所发生的订货数据输入计算机，即刻通过计算机通信网络将资料传送至总公司、批发业、商品供货商或制造商处。因此，EOS能处理从新商品资料的说明直到会计结算等所有商品交易过程中的作业，可以说EOS涵盖了整个商流。在寸土寸金的情况下，零售业已没有许多空间用于存放货物，在要求供货商及时补足售出商品的数量且不能有缺货的前提下，更必须采用EOS系统。EDI/EOS因内含了许多先进的管理手段，因此在国际上使用非常广泛，并且越来越受到商业界的青睐。

EOS系统并非是单个的零售店与单个的批发商组成的系统，而是许多零售店和许多批发商组成的整体运作的大系统。EOS系统的基本运作过程是：在零售店的终端利用条码阅读器获取准备采购的商品条码，并在终端机上输入订货数量；利用电话线通过调制解调器传到批发商的计算机中；批发商开出提货传票，并根据传票同时开出拣货单，实施拣发，然后依据送货传票进行商品发货，送货传票上的资料便成为零售商的应付账款资料及批发商的应收账款资料，并输入到批发商的应收账款系统中去；零售商对送到的货物进行检验后，便可以陈列与销售了。

4. 企业资源计划系统

企业资源计划（Enterprise Resource Plan，ERP），系统的核心思想是实现对整个供应链的有效管理，主要体现在以下三个方面：

（1）体现对整个供应链资源进行管理的思想。在电子商务时代，仅靠企业自身的资源不可能有效地参与市场的竞争，还必须把经营过程中的有关各方如供应商、制造工厂、分销网络、客户等纳入一条紧密的供应链中，才能有效地安排企业的产、供、销活动，满足企业利用全社会一切资源快速高效地进行生产经营的需求，以期进一步提高效率和在市场上获得竞争的优势。换句话说，现代企业竞争不是单一企业与单一企业的竞争，而是一个企业供应链与另一个企业供应链之间的竞争。ERP系统实现了对整个企业供应链的管理，适应了企业在电子商务时代市场竞争的需要。

（2）体现精益生产、同步工程和敏捷制造的思想。ERP系统支持对混合型生产方式的管理，其管理思想表现在两个方面：一是精益生产（Lean Production，LP）思想。它是由美国麻省理工学院提出的一种企业经营战略体系，即企业按照大批量生产方式组织生产时，把客户、销售代理商、供应商、协作单位纳入生产体系，企业同其销售代理、客户和供应商的关系已不再是简单的业务往来关系，而是利益共享的合作伙伴关系，这种合作伙伴关系组成了企业的一条供应链，这是"精益生产"的核心思想。二是敏捷制造（Agile Manufacturing，AM）思想。当市场发生变化，企业遇有特定的市场和产品需求时，企业的基本合作伙伴不一定能满足新产品开发生产的要求，这时企业就会组织由特定的供应商和销售渠道组成的短期或一次性供应链，形成"虚拟工厂"，把供应和协作单位看成是企业的一个组成部分，运用同步工程（Simultaneous Engineering，SE）组织生产，用最短的时间将新产品打入市场，时刻保持产品的高质量、多样化和灵活性，这就是敏捷制造的核心思想。

（3）体现事先计划与事中控制的思想。ERP系统中的计划体系主要包括主生产计划、物料需求计划、能力计划、采购计划、销售执行计划、利润计划、财务预算和人力资源计划等，且这些计划功能与价值控制功能已完全集成到整个供应链系统当中。

8.5 电子商务物流管理案例

8.5.1 美国电子商务物流模式

美国的物流配送业发展起步早，经验较成熟，尤其是信息化管理程度高，对我国物流业的发展有很大的借鉴意义。

8.5.1.1 美国物流配送中心的类型

从20世纪60年代起，商品配送合理化在发达国家普遍得到重视。为了向流通领域要效益，美国企业采取了以下措施：一是将老式的仓库改为配送中心；二是引进计算机管理网络，对装卸、搬运、保管实行标准化操作，提高作业效率；三是连锁店共同组建配送中心，促进连锁店效益的增长。美国连锁店的配送中心有多种，主要有批发型、零售型和仓储型三种类型。

1. 批发型

美国加州食品配送中心是全美第二大批发配送中心，建于1982年，建筑面积10万平方米，工作人员2000人左右，共有全封闭型温控运输车600辆。经营的商品均为食品，有4万多个品种，其中有98%的商品由该公司组织进货，另外2%的商品是该中心开发加工的商品，主要是牛奶、面包、冰激凌等新鲜食品。

加州食品中心实行会员制，各会员超市因店铺的规模大小、所需商品配送量的不同，而向中心交纳不同的会员费。会员店在日常交易中与其他店一样，不享受任何特殊的待遇，但可以参加配送中心定期的利润处理。该配送中心本身不是营利单位，可以不交营业税。所以，当配送中心获得利润时，采取分红的形式将部分利润分给会员店。会员店分得红利的多少将根据在配送中心的送货量和交易额的多少而定，多者多分红。

加州食品配送中心主要靠计算机管理。业务部通过计算机获得会员店的订货信息，及时向生产厂家和储运部发出要货指示单；厂家和储运部再根据要货指示单的先后缓急安排配送的先后顺序，将分配好的货物放在待配送口等待发运。配送中心24小时运转，配送半径一般为50公里。

2．零售型

沃尔玛商品公司的配送中心是美国典型的零售型配送中心。该配送中心是沃尔玛公司独资建立的，专为本公司的连锁店按时提供商品，确保各店稳定经营。该中心的建筑面积为12万平方米，总投资7000万美元，有职工1200多人，配送设备包括200辆车头、400节车厢、13条配送传送带，配送场内设有170个接货口。中心24小时运转，每天为分布在纽约州、宾夕法尼亚州等6个州的隶属于沃尔玛公司的100家连锁店配送商品。

沃尔玛中心设在100家连锁店的中央位置，商圈为320公里，服务对象店的平均规模为1.2万平方米。中心经营商品达4万种，主要是食品和日用品，通常库存为4000万美元，旺季为7000万美元，年周转库存24次。在库存商品中，畅销商品和滞销商品各占50%，库存商品期限超过180天为滞销商品，各连锁店的库存量为销售量的10%左右。

3．仓储型

福来明公司的食品配送中心是美国典型的仓储式配送中心。该中心的主要任务是接受美国独立杂货商联盟加州总部的委托业务，为该联盟在该地区的350家加盟店负责商品配送。该配送中心建筑面积7万平方米，其中冷库、冷藏库为4万平方米，杂货库为3万平方米，经营8.9万个品种，其中有1200个品种是美国独立杂货商联盟开发的，必须集中配送。在服务对象店经营的食品中，有70%左右的商品由该中心集中配送，一般鲜活商品和怕碰撞的商品，如牛奶、面包、炸土豆片、瓶装饮料和啤酒等，从当地厂家直接进货到店，蔬菜等商品从当地的批发市场直接进货。

8.5.1.2 美国物流信息化状况

纵观美国物流业的发展情况，不可忽视的一点就是物流信息化的建设。

1. 企业物流信息化

由于物流管理的基础是物流信息，是用信息流来控制实物流，因而企业纷纷将物流信息化作为物流合理化的一个重要途径。主要做法有以下几点：

（1）普遍采用条形码技术和射频识别技术，提高信息采集效率和准确性；采用基于互联网的电子数据交换技术进行企业内外的信息传输，实现订单录入、处理、跟踪和结算等业务处理的无纸化。

（2）广泛应用仓库管理系统和运输管理系统来提升运输与仓储效率。如沃尔玛与休斯公司合作发射了专用卫星，用于全球店铺的信息传送与运输车辆的定位及联络，这样可以合理安排运量和路程，最大限度地发挥运输潜力。

（3）通过与供应商和客户的信息共享实现供应链的透明化，运用各种供应链管理技术实现供应链伙伴之间的协调，以便"用信息替代库存"，降低供应链的物流总成本，提高供应链的竞争力。如戴尔公司通过网站向供应商提供实时数据，使供应商了解零部件库存、需求预测及其他客户信息，更好地根据戴尔的需要组织生产并按时配送，大多数零部件只在戴尔公司仓库存放15分钟以内；同时，戴尔的客户在网上按指令配置PC，下订单5分钟后就可以得到确认，36小时以内客户订购的PC就会下生产线装上配送车。

（4）通过网上采购辅助材料、网上销售多于库存以及通过电子物流服务商进行存储与运输交易等手段，借助电子商务来降低物流成本。

2. 物流企业信息化

由于在仓储、运输管理和基于互联网的通信方面的技术与实施能力已成为进入第三方物流行业的门槛，物流企业高度重视信息化建设，并呈现以下特点：

（1）物流信息服务包括预先发货通知、送达签收反馈、订单跟踪查询、库存状态查询、货物在途跟踪、运行绩效检测和管理报告等，已成为第三方物流服务的基本内容。如APLL的See Change信息系统将一家船务公司对集装箱的跟踪深入到对存货单元的跟踪，将该船从港口到港口的跟踪延伸为从供应端到消费端的全程跟踪；UPS公司的SCS供应商管理系统可以使客户通过UPS的信息系统对国外供应商的订单的履行状态进行在线跟踪。这些信息服务已成为物流企业服务产品的组成部分。

（2）物流企业在客户的财务、库存、技术和数据管理方面承担越来越大的责任，从而在客户供应链管理中发挥着战略性作用。物流外包影响供应链管理的最大因素是数据管理，因为用企业及其供应链伙伴广泛接受的格式维护与提取数据以实现供应链的可视化是一个巨大的挑战，物流企业不仅需要在技术方面进行较大投入，而且还需要具备持续改进、例外管理和流程再造能力。所以，对技术、人才和信息基础设施的投入已成为物流企业区别竞争对手的重要手段。如UPS每年为信息化投入10亿美元，其网站平均每天有790万个网上查询，公司获得美国"CIO"100强称号；APLL也被评为美国IT应用百佳企业之一。

（3）物流企业大都采用面向客户自主开发物流信息系统的方式来实现物流信息化。一方面，购买一套大型物流软件的价格很高，一般有60%～70%的功能物流企业暂时不用，浪费严重。所以，物流企业可以先制订信息结构的总体规划，根据实际需要先购买或研制部分软件，随着业务的发展不断完善信息系统。另一方面，物流企业开发信息系统的目标是满足客户需求、提高客户服务水平，往往在信息系统中融入自己优化的流程和技术诀窍，一般只会与一些软件商在数据库、运输管理和仓储管理等功能方面结成伙伴，但总体上仍需自己掌握。

3. 物流信息服务业

物流信息化需要物流信息技术的支撑；同时，物流信息化的发展也带动了物流信息服务业的发展。目前，美国物流信息服务业大致可分为以下几个方面：

（1）供应链软件提供商。美国的供应链软件提供商大致分为两类，一类是提供库存管理系统、运输管理系统等物流功能管理的软件商，如EXE、Provia；另一类是提供供应链管理计划与执行系统的软件商，如SAP、Oracle等。这些软件商将行业标准、优化的流程和商业智能融入软件系统，客户既可以选择成套的行业解决方案，又可以根据实际需要先上一部分模块。

（2）信息中间商。主要是提供专门的信息基础设施。物流服务商要和客户之间实现供应链一体化，又没办法自己来做这么大的信息平台，因此通过信息中间商来进行这样的服务。如Capstan公司通过建立一个公共信息平台，把采购商、供应商、物流服务商、承运人、海关和金融服务等机构都放到平台上，通过这个平台来交换数据，完成国际物流服务。数据交换的方式很多，可以用传统的EDI方式，也可以用在网上作FTP文件传输，或者是采用现在比较流行的XML连接。这种服务商就是专门提供这样的信息平台，通过会员制来提供服务。由于全球供应链最难的或者说信息最容易脱节的地方就是跨国境，因而这一服务有一定的市场需求。当然，这种服务平台对宽带技术以及网上平台技术的要求也比较高。

（3）网上市场。随着电子商务的兴起，网上交易不断涌现，其中物流特别是运输网上交易日益活跃。运输网上交易形式多样，包括合并第三方提供商，如Transplace.com由J.B. Hunt Transport等6个伙伴合并而成，拥有3.8万台牵引车，9.1万台拖挂车和大约4.8万名职业司机，为潜在客户带来巨大的工作能力；也包括行业中立交易商Logistics.com，提供运输能力与需求的自动匹配与优化，管理现场交易等各种运输交易形式，以便为参与者提供交易的灵活性，创造专门的和定向的交易市场，为客户提供一个专业化运输管理系统软件包的所有功能和益处，而不需要购买、安装软件包并尽量利用现有员工。

8.5.1.3 美国推进物流信息化的启示

（1）服务是物流信息化的核心。物流信息化已成为美国工商企业降低物流成本、改进客户服务和提高企业竞争力的基本手段，更成为物流企业提供第三方物流服务的前提条件。因此，美国企业都是以满足客户服务需求为物流信息系统建设的出发点，通过采用先进的信息技术实现供应链伙伴相互之间的信息沟通与共享。特别是物流企业，更是将为客户提供的信息内容作为信息系统建设的重要依据。而我国企业大都没有把物流信息化放在战略高度来认识，往往是以满足企业内部管理为出发点建设物流信息系统，忽视对客户物流信息服务的建设，这种观念上的差距严重影响了物流信息系统的投入力度和实施效果。因此，必须将服务作为物流信息化的核心，围绕提高客户服务水平来改造物流管理模式与运作流程，并以此为业务需求来建设合格的物流信息系统。

（2）标准是物流信息化的基础。物流活动包括运输、仓储、包装、配送和流通加工等多个环节，在运输方面涉及铁路、公路、航空、海运和国际运输等多种模式，在服务方面涉及电子、汽车、药品和日用消费品等众多行业，需要物流信息系统像纽带一样把供应链上的各个伙伴、各个环节联结成一个整体。这就需要在编码、文件格式、数据接口、EDI和GPS等相关代码方面实现标准化，以消除不同企业之间的信息沟通障碍。美国行业协会在物流标准的制定方面发挥了重要作用，在条形码和信息交换接口等方面建立了一套比较实用的标准，使物流企业与客户、分包方和供应商更便于沟通和服务。物流软件业融入了格式、流程等方面的行业标准，为企业物流信息系统的建设创造了良好的环境。而我国由于缺乏信息的基础标准，不同信息系统的接口成为制约信息化发展的瓶颈，物流企业在处理订单时，有时数据交换要面向多种不同的模式。因此，加快我国物流标准化特别是物流信息标准化步伐，是推进我国物流信息化的基础。

（3）应用是物流信息化的关键。美国物流信息化的最大特点，是将先进的信息技术有效地应用于实际的物流业务之中。首先，广泛应用互联网建设物流信息平台，互联网的发展和规范管理，特别是安全软件和技术设备的发展，为物流信息系统的建设提供了良好环境；其次，将优化的物流运作流程融入软件，形成了比较成熟的标准化、模块化的物流与供应链软件产品，为物流信息系统的建设提供了技术保障；再次，公共物流信息平台的发展，为企业间的信息沟通和采用应用服务（ASP）模式降低信息化成本创造了条件。

近年来，我国从政府到企业对物流信息化重要性的认识在不断提高，与美国的差距主要在应用上。我国目前的物流信息系统建设仍以专线为主，不便于信息网络间的连接；由于缺少实用可靠的成熟物流软件，使企业在建设物流信息系统时不敢投入，自主开发又存在起点低、周期长的问题；公共物流信息平台的缺乏，也使企业物流信息系统成为一个个信息孤岛，小企业的物流信息化举步维艰。因此，创造物流信息化良好的应用环境，提高物流信息化的应用水平，是推进我国物流信息化的关键所在。

8.5.2 UPS的信息化物流

UPS（United Parcel Service，联合邮递公司）是世界上最大的航空和陆地邮件运输公司，每年有将近30亿件邮件和信函发往美国各地及世界上至少185个国家和地区。这家公司成功的关键是采用先进的信息技术。信息技术使得UPS提高了客户服务质量，同时保持低成本并使其整个服务成为一个整体。通过使用一种叫做邮递信息获取设备（DIAD）的便携电脑，UPS的司机可以自动获取有关客户的签字、收取、交货和时间记录卡等信息。然后司机将DIAD接到卡车的适配器上，此适配器是个与蜂窝电话网相连的信息发送装置。此时，邮件的跟踪信息就被发送到UPS的计算机网络中心，以便与UPS设在新泽西州总部的主机进行存储和处理。世界各地的机构都可以使用这些信息，以便给客户提供交付的证据。对于客户的询问，此系统还可以打印出回函。通过自动化的邮件跟踪系统，UPS可以监视邮件的交递。在货物从发送人到收货人这一过程的许多节点上，条码装置会将货物标签上的运输信息扫描下来，然后输入中心的计算机。客户服务代表可以利用与主机相连的台式电脑查验货物的状态，并能立即回答客户的询问。此外，UPS的客户也可以通过他们的电脑，使用UPS提供的专用的货物跟踪软件直接查到这些信息。

1. UPS签名追踪

接收具有签名图像、全名和更多信息的递送签收证明。UPS签名追踪是一个安全的、基于Web的服务，提供增强的追踪和递送信息。这些功能可以帮助用户提高付款和客户服务功能的效率。每次使用UPS签名追踪来追踪包裹时，用户的追踪结果可以包括递送证明和以下内容：签名图像、全名和递送地址、货到付款信息和参考编码信息。并且由PIN控制的安全性帮助防止对敏感的UPS递送信息的未授权的访问。用户决定谁可以使用UPS签名追踪和特定功能来追踪由他的UPS账号发送的货件。

2. 通过电子邮件追踪

把包含用户的UPS "追踪编码"的电子邮件消息发送到to-taltrack.cn-chs@ups.com，可以一次追踪多达25个UPS包裹，UPS将在回复消息中把追踪摘要发送给用户。其运作方法是：

（1）追踪一个包裹追踪编码：如果用一个包裹追踪编码进行追踪时，在电子邮件的主题行或消息的正文中指定一个UPS包裹追踪编码。详细的追踪响应将自动返回到用户的电子邮件地址。

（2）追踪多个包裹追踪编码：如果用多个包裹追踪编码进行追踪，则在电子邮件消息的正文中输入所有UPS包裹追踪编码，不必指定电子邮件的主题。所有编码的详细的追踪响应将自动返回到用户的电子邮件地址。

3．根据参考编码追踪

使用用户为自己的包裹指定的参考编码追踪，可以追踪此前6个月内运输的任何包裹，只要输入所指定的"参考编码"并单击"追踪"按钮即可。

4．Quantum View

按照用户的UPS账号查看和下载完整的运输信息。其具备以下功能：

（1）控制供应链。注册"我的UPS"使用用户能够利用Quantum View。Quantum View是一套可见服务组合，旨在提供关于UPS货件的预先状态信息。所有Quantum View服务均为免费。但是，并非所有Quantum View服务在所有国家或地区都可用。

（2）Quantum View通知。Quantum View通知是一项由UPS运输系统支持的以信息为基础的服务，其中包括World Ship、UPS World Ship International、UPS Campus Ship TM、UPS Connect、UPS Connect Anywhere和UPS互联网运输。这项节省时间的服务可以自动向客户通知他的货件在运输过程中的关键事件。Quantum View通知是为从小到大的所有客户设计的，并在运输时在UPS运输系统内选定。

（3）Quantum View管理。Quantum View管理将最新的运输状态信息放在用户的手边，而无需特殊IT安装或支持。同一组织内的多个用户可通过与互联网相连的任何一台计算机迅速方便地查看、下载和共享状态信息。所有信息均格式化，便于按照用户的首选项使用和定制。

（4）Quantum View数据。Quantum View SM数据是希望将可见信息整合到内部软件应用系统和数据库的企业的理想之选。入境视图可提供关于用户的供应商运输至指定地点的包裹信息，出境视图可提供关于已在载货单上记录并由用户的UPS账户付款的包裹信息。可选择的付费方式视图可提供关于由用户UPS账号运费收取、第三方或收件人付款的所有包裹的运输货件详细信息。此项预定服务可提供重要更新信息，使用户更清楚地了解他的客户和供应商货件的状态。

【案例分析】

宝供的物流信息化

2002年，宝供被麦肯锡评价为中国领先的物流公司，又被摩根士丹利评估为中国最具价值的第三方物流企业。在2002年美智公司对中国物流行业进行的认知度调查中，宝供以40%的认知度雄踞中国物流企业之首。对于这家年运作货物总量超过200万吨的物流公司来说，信息化是制胜的最有力武器。宝供物流企业集团有限公司创建于1994年，总部设于广州，1999年经国家工商局批准，成为国内第一家以物流名称注册的企业集团。到2002年，该企业已在全国40多个城市建立了6个分公司，建成了一个覆盖全国并向美国、澳大利亚、泰国等国家和地区延伸的物流运作网络，拥有先进的物流信息平台，为全球500强中的40多家大型跨国企业及国内一批大型制造企业提供专业化的物流服务。

信息化的三个里程碑

作为第三方物流公司，宝供的物流信息化系统的建设紧紧围绕着自身业务的拓展，并通过系统的建设不断推进公司业务的发展。其信息化进程分为三个阶段，我们称其为宝供信息化历程中的里程碑。

（1）第一阶段（1997～1998年）：建立基于互联网的物流信息系统。此阶段，宝供已经发展成为一个在全国主要经济区域设有10个分公司和办事处的网络化物流公司。当时，公司面临的一个主要问题就是如何全面、及时地跟踪全国各地的最新物流业务状况。经过调研与策划，宝供选择了第一家合作伙伴北京英泰奈特科技发展有限公司，它为宝供开发了一套基于互联网的物流信息管理系统。1998年，在内部全面完成运输信息系统推广的基础上，宝供通过将运输查询功能授权开放给客户，实现了运作信息与客户共享。1997年成为宝供的"腾飞年"。

（2）第二阶段（1999～2001年）：建立基于电子数据交换（EDI），与客户系统实现数据的对接。1999年，宝供再度和英泰奈特合作，开发了基于互联网的仓储信息管理系统，该系统同样能够向客户授权开放，使客户在办公室里通过网络就能查到全国各地仓库的最新进出存情况。2000年，宝洁把华南分销仓库交由宝供管理，一方面宝洁授权在宝供仓库安装了宝洁AS/400客户端程序，由宝供仓管员经过培训后直接操作宝洁的系统；另一方面，宝供IT部开发数据导出程序，将宝洁系统进出仓数据自动导出到宝供系统中，使宝供仓管员也能够进入功能更加全面并且操作更加简便的宝供仓储系统。

（3）第三阶段（2002～2003年）：建立基于电子商务（B2B），与客户结成供应链一体化合作伙伴。如宝供与飞利浦实现了EDI电子数据对接。原来飞利浦物流部要面对宝供十几个仓库，现在飞利浦物流部直接在自己系统里查看最新的订单运作结果，运作效率得到大幅提升。

解决方案与技术环境

宝供的客户群大致分成两类：大型外资企业和对宝供系统依赖程度较高的客户，如宝洁、飞利浦、红牛等；与宝供系统之间的集成关系相对比较松散的国内客户和中小型客户，如美晨、杭州松下、厦华电子等。客户类型不同，对宝供系统的要求也有所不同。这要求宝供的内部管理也要实现信息化。

（1）内部网建设。宝供集团的总公司和分公司基本建设好了内部的办公网，使用专线连接到互联网。物流信息管理系统的操作平台使用微软体系和红旗Linux的部分产品，开发平台则同时使用了微软体系（ASP、VB）和Sun ONE体系（Java、EJB）及中间件技术，服务器硬件是Compaq的小型服务器，Web服务器是IIS 5.0，数据库服务器是MSSQLS Server 7.0。专线租用中国电信的128 KB DDN。

（2）外部网建设。2002年，在与客户系统进行EDI对接时，宝供系统提供了三种不同的模式：

①宝洁模式：客户有信息管理系统，宝供管理的仓库使用客户系统的客户端传输单，同时数据传输到宝供的系统，这样宝供和客户同时拥有运作数据，双方可以

对账；

②飞利浦模式：客户有自己的系统，把系统的数据导出后，根据不同客户需求，可以采用多种数据交换方式，如FTP、VPN、B2B等，通过转换平台传送到宝供，宝供依数据打印运作单，再通过转换平台把结果返回客户，客户把数据导入系统。这是宝供目前运作上对客户支持最大、最先进的运作方式，即EDI方式；

③红牛模式：客户没有系统，宝供需要编写客户下单部分的程序，并把数据输送到宝供，等于对客户进行了全面的IT系统服务。在仓储系统方面，宝供仓库管理应用软件功能强大、具有广泛的适用性的系统。

在运输系统方面，宝供运输系统的基本功能是实现对货物运输过程的完全控制，系统能够辅助车辆的调度，产生作业单，跟踪接单、发运、到达、签收等环节，并能对运输过程进行跟踪。

效益分析和评价

宝供物流信息管理系统实施以来，通过长期不懈的建立、完善和更新，每年都取得了新的成绩，在满足内外客户信息需求不断增长的过程中，实现了信息流推动物流、资金流和商流的目标。宝供的物流信息系统不仅为自身提高了竞争力，也为客户带来了巨大的经济效益。宝供公司CIO唐友三教授将其归纳为如下三点：

（1）快速反应，取得了竞争优势。客户在自己的系统（或宝供系统）中能实时看到全国各地仓库最新进出仓和库存数据，有利于控制和降低库存，并减少成本。

（2）提高效率，加快资金周转。财务根据系统动态结果及时开出发票，加速资金周转。

（3）优化流程，降低运作成本。EDI电子对接实现订单无纸化处理，代替了传统的传真下单、手工开单。

宝供公司根据市场需求制订了逐步发展物流信息化战略和信息系统建设的实施步骤，在流程作业的信息化、与客户及第三方的信息接口等方面具有非常鲜明的特色，对中国第三方物流实践具有典型的参考意义。

宝供物流信息系统的特色主要有：

（1）信息系统功能是赢得客户的关键能力，其客户的不断发展足以证明其信息系统的价值，效益非常突出。

（2）基于互联网开发之路，技术标准领先，成本低，是中小企业效仿的典范。

（3）建立了集成的客户信息接口，这点非常重要。

本系统侧重流程作业，体现了第三方物流的信息服务。当前，宝供又在进行物流信息化的创新，如引入RFID、EPC等新技术和标准进行物流信息系统的研究与开发。可以相信，在智能服务以及信息系统的完备性等方面会有进一步的完善和提高。

光明乳业的现代物流配送

跻身世界乳业十强是上海光明乳业有限公司（简称

光明乳业）的远景目标，而成为物流企业和食品行业内冷藏物流的航空母舰则是其物流事业的最终目标。

光明乳业的物流事业部发现，公司的系统主要作用在处理销售订单部分，无法完整控制企业对销售订单的履约。第一个问题集中在订单数据的录入环节：业务员每天从客户那里得到大量的纸质订单，回到公司由输单员输入订单系统，不仅占用了大量的输单员人力资源，也使得业务员必须早早回到公司，影响第二天订购量预测的准确度。涉及订单录入的部门有常温产品事业部、瓶袋奶事业部等。由于业务流程机构部门较多，而且所有的单据录入都要同时占用系统有限的资源，从而使系统运行的速度由于人工录入和其他低效率的直接操作而变得不堪重负。系统的峰值处理速度和效率也随之大幅降低。为此，光明乳业委托上海意贝斯特信息技术有限公司开发的移动商务集成系统正式上线，工作流程也随之调整：业务员改到中午时上班，把在每个点采集到的数据录入，到晚上回到公司把订单数据直接导入公司系统，前后只需半个小时就可处理完。如果不回公司的话，也可以通过内置的卡，借助电话或手机拨号上网，将搜集到的订单数据传回公司。

另外，乳制品的特点是保鲜度要求高，特别是新鲜牛奶，保质期短、温度控制严格、即产即配、配送时间要求高（有限制）、配送线路和配送点多、配送总量大等，因此对配送系统的实时性和处理能力有很高的要求。如新鲜牛奶当日生产当日配送，产品的实际产量会有一定的动态变化。因此，配送系统必须解决如何根据实际产量、配送点（客户）的优先级别和线路来合理调整订单的实际配送量问题、单车成本核算问题、各种指标的达成率问题、员工考核问题等。光明乳业利用上海博科资讯股份有限公司的第三方物流管理信息系统很好地解决了这一问题。该系统将收到的客户信息进行自动分析，然后制订出最合理的配送方案，完成自动配货后，系统打印配货单，交仓库配货发货，再由公司的送货车将货物送到各送奶站、超市等。

在电子商务环境下，由于经济的一体化趋势，当前的物流业正向全球化、信息化、一体化发展，而电子商务的优势之一就是能大大简化企业的业务流程，降低企业运作成本，而电子商务下企业成本优势的建立和保持必须以可靠和高效的物流运作为保证，这也是现代企业在竞争中取胜的关键。光明乳业的决策者正是利用电子商务技术，建立了一个良好的信息处理和传输系统，从而大大降低了企业的运作成本。同时，良好的现代化配送中心不仅实现了内部的信息网络化，而且增加了配送货物的跟踪信息，从而大大提高了企业的服务水平，也降低了成本。成本的降低提高了企业的市场竞争力，所以说整个电子商务下的物流系统的运转为光明乳业的进一步腾飞奠定了坚实的基础。

【复习思考题】

❶区分物流与"后勤"之间的区别和联系。

❷何谓物流管理？

❸物流信息化的含义和内容分别是什么？

❹试描述B2B电子商务与供应链物流之间的关系。

❺简要总结电子商务物流信息技术及其主要应用。

❻UPS物流集团和其他物流公司也提供金融服务，讨论其原因。

❼通用电器照明公司采取了许多措施来改进采购活动，措施之一就是建立和使用电子招标系统。其中，1996年就建立了在线采购系统，即交易处理网（TPN）进行公开招标。访问tpn.com，找出为邀请企业在公开网站上发布询价单信息所提供的服务。

❽搜索和访问广州宝供物流集团公司的网站，并查找相关资料，分析其物流商业模式和物流服务特点。